# 山领苏中

## 孤山镇历史文化撷萃

高峰 著

苏州新闻出版集团
古吴轩出版社

图书在版编目（CIP）数据
山领苏中 ：孤山镇历史文化撷萃 / 高峰著.
苏州 ：古吴轩出版社，2025. 1. -- ISBN 978-7-5546
-2531-6
Ⅰ. K295.35
中国国家版本馆CIP数据核字第2025GX5343号

责任编辑：俞　都
见习编辑：胡　玥
封面设计：孙佳婧
责任校对：蒋丽华
责任照排：吴　静

书　　名：山领苏中：孤山镇历史文化撷萃
著　　者：高　峰
出版发行：苏州新闻出版集团
古吴轩出版社
地址：苏州市八达街118号苏州新闻大厦30F
电话：0512-65233679　　邮编：215123
出 版 人：王乐飞
印　　刷：苏州市墨利印刷有限公司
开　　本：787mm×1092mm　1/16
印　　张：16.75
字　　数：252千字
版　　次：2025年1月第1版
印　　次：2025年1月第1次印刷
书　　号：ISBN 978-7-5546-2531-6
定　　价：68.00元

# 序一：孤独与辉煌

庞余亮

天下叫“孤山”的山实在很多，如杭州的孤山，《水浒传》中的孤山。

但它们的孤独与我们无关。

“有小孤山出地百仞，四面无草木，于前立寺，名为正见，处之。”

这座有着正见寺和法响和尚的孤山才是我们的孤山，被长江用6300千米的奔腾来拥抱的孤山。

有了孤山，靖江人就是“仁”“智”双全。

它是天目山脉300万岁的小儿子，它是靖江人心中勤勉而忠诚的卧牛，每次见到孤山，我的心中就会响起泥狗子清越的哨声。

我很想写写它。

但我没有这个体量，写孤山的人，必须拥有和孤山一样的体量。

> “你唱山歌可有根？
> 你晓得东海龙宫有多深？
> 扬子江里多少浪？
> 靖江孤山有几斤？”

我的确不知道孤山的体量，但靖江有一个人是知道的，他就是高峰。

都说“前生注定”，真的是有神奇的缘故，高峰的名字就注定了他必须要写一座山，一座很重很重的山。

记得十多年前，我读过乌以风先生的故事之后，就跟在文史领域取得丰硕成果的高峰说："你还缺一本书。"

他没说话，而是看着我。

他在等我的题目。

我说了乌先生，说了乌先生写的《天柱山志》，给高峰出了个题目：《孤山志》。

一部遍种靖江人乡愁之树的《孤山志》。

高峰没有答应我，也没有回绝我。我知道我的话已经种在了他的心里了。一位优秀的文史工作者，捧的是热心肠，坐的是冷板凳，目标一旦确定，他得成为一名艰苦卓绝的潜泳者，潜泳在无边无际的文史领域里。

做过文史工作的人都知道，文史研究其实是个无底洞。在无底洞里潜泳，有时候能挖出琥珀，有时候是一场徒劳，就像填海的精卫。

但谁能想得到呢？

高峰捧出了这本厚厚的写孤山的《山领苏中》，十年之约就这样被如此了得的成果照亮了。在这本书里，他几乎穷尽了这世界上所有关于孤山的史料，好多都是初见。

我真的好喜欢这本书！越来越成熟的高峰，把他最好的才华和准备给了这本书，没有之一。

这也是孤山对于孤山一样的高峰的奖赏。从大海里长出来的孤山，从长江里走到岸上的孤山，经历了多少风雨，多少变故，多少沧桑，多少损耗，它依然还在，就像它的孤独和辉煌。

这本书，也是高峰的孤独和辉煌！

2024年12月18日

庞余亮，江苏兴化人，中国作家协会会员，泰州市文联主席，泰州市作家协会主席，靖江市政协副主席。已出版诗集《开始》《比目鱼》、长篇小说《薄荷》等多部著作，散文集《小先生》获第八届鲁迅文学奖。

# 序二：记忆之书

丁 浩

高峰先生将他的书稿《山领苏中》以PDF文本的形式发进了我的电子邮箱。一开始，我打不开文本，因为我的电脑里没有相应的解码器。下载、安装解码器，须得首先成为这款软件的会员，也就是说，首先要缴纳一笔费用。折腾了好半天，终于看到文本了。我的这番遭际，是互联网时代的特有状况。

在互联网时代，每时每刻都在发生着大量的文字书写行为。正如一句广告语所说，人们每一次的键盘敲击，都将成为互联网海量数据中的一部分。但这些文字，随意率性者多，为博人眼球而望风捕影者亦不在少数；能够随时结合生活实感，将真切的感悟升华为理性思考，在真诚坦率的表达中获得他人的关注的，因稀少而可贵。出于这样的感悟，我才特别看重高峰先生的新著《山领苏中》。高峰先生说：“如果不运用自己所长，为家乡弘扬历史文化，就像为人子女不懂得孝道与报恩，是一种亏欠。”读罢《山领苏中》，我看到了高峰先生的这种努力，并对他的这种努力表示认同。

缺少人格力量的文字就像一台电脑只有硬件而没有软件，即使有意义，意义也不大。《山领苏中》一书让我感受到，高峰先生在写作时，更多的心思是花在了“怎么写”上，而不是“写什么”上。《山领苏中》中每一个章节的切入角度都别开生面，在阅读过程中，我每每感到血液升温以至于沸腾，岁月的荣耀、自我的责任、顽强的勇气、不懈的坚持等优秀品质，以一定的精神高度穿越了我的身体。高峰先生以自己的辛勤劳作，开辟出一块文字净土，撑起了乡镇志研究的一片晴空，让我等阅读者领略其云蒸霞蔚，感受其波迭浪涌。

先有孤山，然后才有靖江。孤山是靖江的一个重要区域。靖江的不同区域有着各自的文化特征，由于历史的纵深感与记忆的重构，以文字的形式将它们表达出来的时候，它们便呈现出迥异的美学特性，其中对地方性话语的凸显也就成了回望历史的有效途径。《山领苏中》是记忆之书，但并不只是个人的记忆。高峰先生紧紧围绕孤山这片热土，进行了广泛的文献搜集和深入的田野调查，积极思考历史文化传统对孤山民众生活实践的影响，在“标志性”民俗思想的统领下，以点带面，结合孤山地域的特殊性，对历史往事和民俗现象进行综合研究，展现出了现代与历史、情感与理智、个人与集体的诸多记忆。

《山领苏中》让我感到特别亲切。书中提到的那许多人物，我都知道。比如，书中提到了朱默亭、刘明甫，而我曾用我所熟悉的写作方式记叙过发生在他们身上的故事。比如，书中提到的郑善，是我熟识的一位老者。他是我祖父的同时代人，受过西式教育，虽然水烟袋不离手，却能说一口流利的英语。再比如，书中提到的郑维寅，是我的启蒙老师。他家离我家不足一百步远，我五岁那年去他家读书，他并没有教我“大小多少、上下来去”，而是让我捉蝴蝶、逮蜜蜂，或者让我看他嫁接植物。他曾让向日葵的植株与野芋头的植株合二而一。1957年，郑维寅支边去了新疆，从此音信全无。我读高峰先生的《山领苏中》，就像在读马丁・路德・金的《我有一个梦想》：“我梦想有一天，深谷弥合，高山夷平，歧路化坦途，曲径成通衢，上帝的光华再现，普天下生灵共谒。”这一类阅读，能让我活得更有梦想，更有尊严，也更有力量。

世界著名历史学家海登・怀特说过，历史叙事是“用来构成已经逝去因此不再受试验和观察所控制的结构模式和工序”。他的意思是，历史叙事并不是历史本身，而是一种关于过去的著述。具有鲜明孤山地域特色的人文往事与民俗事件，集中体现着孤山民众的生存经验和生存智慧，折射出了孤山民众独特的价值观、道德观和审美观。《山领苏中》一书以点带面地勾勒出千百年来孤山这个区域的发展脉络，既遵循了区域民俗学的研究范式，也拓展了传统民俗学的研究空间。书中提到的缪家殿、典当埭、毛氏牌楼、烧香桥、桑木桥、范家石桥、戏鱼墩、石碇港和广陵镇等地，全都是真实的地理景观，它们构成了一幅不断丰满、逐渐完整的历史文化图景。从文献的搜集到民俗文化资料的整理，高峰先是致力于对孤山这一区域的历史文化图景的整体呈现，然后他又从整体性出发，阐释了孤山历史文化的特质，进一步构建起孤山民众的身份认同与相关的信仰记忆，增强了当今时代孤山民众对孤山区域文化的认同感和文化体验。他的努力，对于推动靖江民俗文化资料的系统化、科学化、理论化建设具有极其重要的意义。

从《山领苏中》可以看出，资料的搜集整理与研究是高峰先生的长项，他能做到考镜源流、由表及里、提要钩玄。在史料取舍与价值判断方面，哲学家看重是与非，史学家看重真与伪，政治家看重利与弊，艺术家看重美与丑，而高峰先生能将所有的这一切进行综合平衡，从而达到相对的和谐统一，可谓牵手古今、经世致用、超拔凡尘、意境高远。

林语堂对苏东坡有过这样的描述：“他同时拥有蛇的智慧和鸽子的温文。”林语堂说同时具备这两种特质的人物罕见。我以为，高峰先生身上所包含的气质比蛇与鸽子的还要多。从《山领苏中》的字里行间，能看出高峰先生的学识与素养。我与高峰先生交往二十多年，我读过他所有的方志学著作。高峰于我，既熟悉，又陌生，每当我刚刚熟悉了他让我感到陌生的部分时，他又创造了更新的陌生了。这是他在史志书写作方面的一种能力，也是他的史志书的一种魔力，使得他的作品永远有悬念，也让我永远对他有期待。

2024年12月19日，写于南京

丁浩，江苏靖江人，现寓居南京。中国作家协会会员。曾任中共江苏省委宣传部文艺处副处长、省文联创研中心主任、《乡土》杂志主编、省文联机关党委副书记、省文联副厅级巡视员。著有四卷本《丁浩文集》。

# 目录

# 一　江上翠微

孤山镇，镇以山名。这样一座精致、秀美的小山，是造物主对靖泰大地的馈赠。

懿夫马沙晴霭，骥渚烟深。含清虚于巨浸，钟灵秀于孤岑。邀月廊中，宜乘轩以供往；蹑云坊畔，好杖策以相寻。跻千仞之巅，放开倦眼；揽一峰之胜，涤去尘襟……

晚清邑人刘维熼一篇《孤山赋》，写尽孤山之美。

造化钟神秀，让我们穿越千年，去寻觅她最完整、最真实的倩影。

# 几度沧桑

1958年冬，农村人民公社化运动正开展得如火如荼，靖江县土桥公社（今属靖江市西来镇）在组织农民对农田进行深翻时，意外地发掘出一座宋代古墓。

现场出土棺木一具，其盖向前冲出近1米，其底相应前伸，其表面饰有木雕亭台、栏杆、假石。棺木出土后，被置于公社大院内，由于当时的人缺乏文物保护意识，不久即将之毁去。

随着时间的流逝，出土宋棺一事逐渐被人们遗忘，1992年出版的《靖江县志》简略地记下此事。此后，再没人关注，更没人想过，这座古墓的意外发现颠覆了人们长期以来对早期靖江历史的认知。

稍了解靖江历史的人都知道，孤山登陆于弘治元年（1488），在此之前，孤山是长江中的一座岛礁，周边江水汪洋。

但是，在距孤山不远、与之处于同一纬度的土桥公社出土了宋墓，却分明告诉我们，在宋代时，孤山可能成陆过。

穿越历史的重重迷雾，让我们探究孤山所发生的沧海桑田。

## 一

孤山，位于靖城北6千米处，海拔55.6米，周长1.5千米，占地5万平方米，系天目山向东北延伸的余脉之一。随着地壳升降，新生代第三纪后，海上隆起孤岛。在新三角洲发育过程中，经江水夹带，泥沙淤积，孤岛于弘治元年与陆地相连并突兀成平原上的孤丘。

孤山图

新生代第三纪距今约7000万至300万年，也就是说孤山起码有300万年的历史了。

天地玄黄，宇宙洪荒，那样遥远的历史渺不可追。我们对孤山的关注始于汉代。

在汉代，长江口在扬州、镇江一带，长江口北岸在泰兴北部经如皋的石庄以北、南通的狼山而达北咀小洋港。此时，孤山仍为江中小岛。

公元4世纪东晋时，“（长江）北岸推进较快，如皋和三泰地区发生大面积淤积，每年向海推进十多米”[1]。

正是这个原因，到了南北朝时，孤山可能已经登陆。

今天我们所见关于孤山的最早记载，是1500年前的南朝阮升之的《南兖州记》，其中载：

---

〔1〕苏长城《长江澄通河段的演变规律及整治思想》，收录于《长江护岸及堤防防渗工程论文选集》，中国水利水电出版社，2003年11月。

孤山有神祠，侧悉生大竹，伐之者必祀此神，言其所求之数无敢加。[1]

那山上的神祠不知道祀的是什么神灵。今孤山寺方丈明虚和尚认为，古人神佛不分，这神祠也可能是佛寺，他认为这是孤山宗教文化的源头，是故在山门东南竖起一块题有“南朝古刹”的石碑。

“南朝四百八十寺，多少楼台烟雨中。”孤山寺不在这四百八十四寺之列，但一定沐浴过南朝的迷蒙烟雨。

《南兖州记》没有提到孤山是在陆上还是在江中。从行文语意推测，当时孤山已在陆上。

唐初，法响和尚到孤山建正见寺时，《续高僧传》如此记载：

有小孤山出地百仞，四面无草木，于前立寺，名为正见，处之。[2]

“出地百仞”，可见，孤山仍在陆上。

北宋乐史《太平寰宇记》引用了阮升之的记载，并说：

孤山在县（海陵）东南二百十里。[3]

南宋中期的地理总志《舆地纪胜》载：

---

〔1〕刘纬毅辑《汉唐方志辑佚》，国家图书馆出版社，1997年12月，第293页。《南兖州记》，今已佚。南兖州，晋元帝南渡后，侨立兖州于京口（今江苏镇江市），后移治无定处，东晋末始定治广陵（今扬州市西北蜀冈上），南朝宋改名为南兖州，移治盱眙，后复还广陵，辖境大致相当今江苏江淮间地区及安徽凤阳县、滁州市以东地区。

〔2〕［唐］释道宣撰《续高僧传》卷二十六《唐扬州海陵正见寺释法响传略》。

〔3〕［北宋］乐史撰《太平寰宇记》卷一百三十《淮南道八·泰州》。

孤山，在泰兴县东南七十里，南枕大江，巍然一峰，约高百仞。[1]

从“南枕大江”可见，当时孤山在江的北岸边。土桥宋棺的出土也佐证了在宋代，孤山一线向北为陆地的史实。

## 二

到了元代，孤山再次沦入江中。有水利专家认为：

十世纪后，北岸如皋岸线开始后退内凹……元代和明初年间如皋附近长江主流靠北岸，靖江、如皋江岸大塌，孤山、段山先后入江。明嘉靖年间（16世纪）北岸靖江、如皋岸段后退，最远达蒋华桥、张家桥、季市、石庄、平潮、唐闸、任港一线，岸线呈内凹。[2]

孤山映像（戴红章摄）

〔1〕［南宋］王象之编著《舆地纪胜》卷三十七《淮南东路·扬州·景物上》。
〔2〕苏长城《长江澄通河段的演变规律及整治思想》，收录于《长江护岸及堤防防渗工程论文选集》，中国水利水电出版社，2003年11月。

史料也进一步佐证了专家的观点。

至正二十五年（1365），“闰十月乙卯朔（11月14日，农历闰十月初一），张士诚以舟师四百艘出大江，次范蔡港，别以小舟于江中孤山往来，出没无常”[1]，引起了驻守江阴的朱元璋的水军大将康茂才的警觉，急忙报给朱元璋。

一句“江中孤山”，直接点明了孤山所处的位置。

元代的“泰兴八景”中即有“孤山帆影”。泰州进士朱经在《孤山帆影》诗中说：“一点浮青入望遥，樯乌飞处白生潮。”“浮青”，即孤山在江中的形象。而同时期江阴的“澄江八景”中也有“孤山钓月”。江阴名家俞远诗曰：“大江卷石是孤山，山下渔人戴鹖冠。”这些都是孤山在江中的实景描写。

元代时，靖江的前身马驮沙半属江阴，半属泰兴。洪武二年（1369），马驮沙全部划归江阴管辖，孤山一带仍属泰兴。成化七年（1471），靖江建县后，孤山及周边地带划归靖江县。

成化十八年（1482）所修《重修毗陵志》卷十六载：

> 孤山，在县东北。旧在马驮沙扬子江中，去岸五六里。距山百步又有石碇，亦居水中。成化八年后，潮沙壅积转而成田，今山在平陆。

可见，靖江建县时孤山仍在长江中，成化八年（1472）后，孤山周边泥沙逐渐淤积成田，到成化十八年（1482）常州府修志时，孤山再次登陆。

元人朱经在《孤山帆影》诗中说：“三山无恙麻姑说，几度枯桑候老樵。”用的是麻姑“三见东海变桑田”的典故，这表明了古人对孤山的地质变迁已有了与今人同样的认知。

---

[1]《明太祖实录·卷十八》。

# 孤山的产权

在中国古代，实行土地私有制，孤山当然也不例外。那么古代孤山的产权属于何人？

据史料记载，在靖江建县之前，孤山的产权属于靖江张氏。

靖江张氏，祖籍河南祥符，于宋高宗南渡时徙居如皋鹅坎。至正三年（1343），张云翅为避难，迁居孤山脚下莲子荡，为张氏迁靖第一世。时孤山一带属泰兴县。张云翅在此购田置产，大约就在此时，孤山被其购得，而成为其私家产业。

张氏迁靖第二世张清苑因孤山下“土瘠水涸”，遂迁往西沙邱家港。张氏在西沙一带发展得很好，“田连阡陌，富积金银”，但并未放弃孤山一带的产业。

成化七年（1471），马驮沙从江阴析出，单独成立靖江县，孤山及周边地带方划属靖江。作为张家的产业，又是风水宝地，孤山首先成了张家茔所在。张氏迁靖第五世张公冕及其子叔兰、叔蕙、叔芝均葬于孤山西腰。

今存最早的靖江县志——隆庆三年（1569）刻《新修靖江县志》卷二载：

> （孤）山半西坳有寺址，址北有张氏墓，其来已久，今其裔尚岁祀焉。

另外，当时孤山上的寺院每年都需要向张家缴纳佃租。万历年间，孤山寺的僧人赖账不交，引发了一场旷日持久的诉讼。

据《张氏家谱》卷一载：

向孤山本为张氏业，山僧向有约佃输租。万历间，僧不认佃，叔芝孙成宵恐山不为张氏有，则祖陇树木难免樵采践掘，初控于县主朱。朱怜山僧佃租不便，断给滩田三十亩，以抵偿山租。成宵坚不肯受，再控于县主赵，仍将山断归张氏，以护祖脉，然山僧以有田偿租之案，终抗不佃。成宵又控于署县通判孙，孙断此应为张业，但本山撮土，无须结告不休，今于张氏坟禁之外，所有山租写立舍约，助僧香火。僧既在山居住，亦当代为看护，毋得侵毁以伤风化。此案载明邑志，今据先人遗墨撮书大略于此。[1]

发起诉讼的是张氏迁靖第九世张成宵，叔芝的孙子，他先控告到知县朱勋那里。

朱勋，字定国，号阳华，浙江鄞县（今宁波市鄞州区）人，藏书家，万历三十二年（1604）任靖江知县。任上曾经调解过百姓争夺崇让沙的纠纷，主张“毋或丐夺”“若让云何”，意思是不要巧取豪夺，让一让又何妨。

此外，朱勋还写过《孤山记》，认为靖江是留都的门户，孤山与狼山、圌山上下呼应，“外可控制江北，内可以固江阴藩篱”，乃兵家必争之地。这样一座有着军事价值的山丘岂能让一个土豪独占？

在《张氏家谱》的记述中，朱勋以孤山寺的和尚交纳佃租不便为由，将长江边新涨的三十亩滩田断给张家，以抵偿山租。但张家坚决不同意这个方案。

对于此事，朱勋说法略有不同，他说：

四望童如，寺亦就圮。为之捐滩田三十亩，赎山归寺。[2]

---

〔1〕徐鸿江纂修《张氏宗谱》，光绪十三年（1887）木刻本，美国犹他州家谱图书馆藏。
〔2〕朱勋《孤山记》，收录于《（光绪）靖江县志》卷三，光绪五年（1879）木刻本。

也就是说，朱勋断给张家三十亩滩田并非是为抵偿租金，而是以此赎买了整座孤山给孤山寺。

这样的交易是否公平合理，暂且不论。不过，堂堂七品知县，又无利益冲突，朱勋没必要在这样的公开文章中说谎，当以他的说法为准。

万历四十二年（1614），南昌人赵应旟任靖江知县。

张氏又扯状纸继续上告。根据张氏的说法，赵应旟在了解案情后，仍将山的产权断给张氏，但是关于佃租问题，孤山寺的和尚以前任知县有"以田偿租"的判决，拒不交租。

万历四十七年（1619），赵应旟升任台州府通判，走马上任去了。因为朝廷一时没有新派知县，靖江县政由常州府孙通判暂时代理。

张氏觉得这是一个机会，又具状控告。谁知，这位孙通判更是干脆，当场判决：承认孤山原为张氏产业，不过，这么点儿大的地方，总是告来告去影响安定团结，让张氏做做功德，坟园仍属张氏，孤山土地产权给孤山寺的和尚，当施舍给和尚的香火钱。和尚在山上居住，有帮助张氏照看坟园之义务。

查《（康熙）常州府志》，这位孙姓通判当是万历四十四年（1616）上任的通判孙镛。孙镛，湖北崇阳人，万历三十一年（1603）举人。

其实，张氏应该明白，靖江独此一山，一邑风水所系，不管如何取之有道，也不宜长久独占。眼见几任父母官对自家的诉求均不予支持，张氏也就泄了气，此事遂不了了之。

官司虽然已经定谳，但张氏并不服气，将此事载入宗谱，告知后世子孙有这桩公案。

1982年2月10日，靖江县政府发出《关于重申孤山权属的通知》，再次明确孤山为国家所有，县政府委托县民政局对孤山进行管理。

早年孤山的景致与现在大不一样。前人记述说：

山顶常蒸气出云。竹树郁茂，中有石骨可作盆盎中物。山下乱石堆积，巨者至十余丈，层累峻绝，俱作苍藓，色意奇古。[1]

像孤山这样的高度，山顶有蒸气出云，也是奇事。山上竹树茂密，山下巉岩峻嶒。

当孤山还在江中时，四面都有石矶，落潮时露出水面，如象如马，屏立棋置，行船的人都避之唯恐不及。东南的石矶距山有1千米，东北的则更远。孤山登陆后，这些石矶没入田野中，农人耕地掘渠时常会掘到。

最远的石矶在孤山往西4千米严家港（今属马桥镇），高约1米，峭拔如剑，石质比其他岩石要润泽，石匠周楷曾镌《法华经》三卷（一说十二卷）于其上。

明人朱大中有《石碇遗经》诗曰：

石碇银沙山脉连，峭峰巉巘港湾边。
上无先迹两三尺，下有遗经十二卷。
只听龙蛇深隐卧，未经风日搅长眠。

〔1〕《（康熙）靖江县志·舆地志》卷四。

山亭夜夜瞻灵气，应有轰雷起九渊。

嘉靖八年（1529），当地村民感觉石矶阻道，耕种不便，便将其敲碎毁掉。可惜这样一个自然造化毁于无知，但其石根尚在泥土中，大可合抱，今也荡然无存。

今孤山东有明代开浚的石碇港，即以石碇而得名。

山不在高，有仙则灵。

孤山山前山后，巉岩层叠，形成了两个与仙人有关的天然名胜：一是仙人台，另一是仙人洞。

仙人台，位于山东南，实际是天然形成的一块巨大平整的山岩。旧传仙人讲道于此。[1]

在康熙年间，此地有古柏数百株，浓荫蔽日，后逐渐被人盗挖一空。20世纪90年代，笔者在孤山读高中时，时常登临到此，尚见十余块巨石横陈，可坐可卧。

仙人洞，也是天然形成的洞穴，位于孤山北侧。最初时，洞内空间很大，有两根石柱支撑洞顶，中间可坐数十人。

明代邑人陈烁曾游仙人洞，写下《仙洞口》诗。诗曰：

天开图画许谁描，石磴烟萝寄兴饶。
促酒传杯凭错落，披襟露顶欲扶摇。
江空恍见鸱夷老，洞暝俄临王子乔。
歌上前岩行复坐，不知身世几层霄。

嘉靖三十九年（1560），仙人洞发生崩塌，洞门被掩，石洞大为缩小。

1924年5月，泰兴县立第一高等小学组织三年级学生到孤山旅行，学生谭自强有《孤山旅行记》，曾写到他亲眼见到的仙人洞：

[1]《江南通志》卷二十三《舆地志·古迹》。

又向西北行数武，有一洞深约两丈，幽暗如隧，山之佳境也！[1]

曾住孤山西街的王汝明在晚年回忆：

山之北下腹部，有一天然石洞，洞口约有一百二十公分许见方，深入丈余之处折转向西，仅两尺余空洞，即不能前进，如人入其内，必匍匐而行。[2]

可见，民国时仙人洞尚有迹可寻。那时的孤山后山乱岩遍布，仙人洞藏于其中，曲径通幽。后来大肆采石，后山遂光秃，仙人洞也湮灭不存。

孤山登陆后，历任知县都很注重孤山的建设。除了植树造林外，还修建了许多亭台楼阁，在优美的自然景观之中又添加了人文之胜。

成化十三年（1477），靖江建县后第七年，巡江御史王瓒命靖江知县郑琦在山顶上建望江阁、八角楼。

嘉靖三年（1524），知县易干在望江阁旧址上建造起一座观海亭，亭共五楹。又在半山腰建石坊，上书“孤山胜概”。同时，易干在孤山上栽种柏树，数年之后，树木荫翳，满山翠绿。

蹑云坊

[1] 卢寿篯辑选《全国学校国文成绩文库·乙编》，上海中原书局出版。

[2] 王汝明《中国江苏省靖江县孤山镇志》，1995年自刊本。王汝明，孤山镇人，生于1915年。本书所提及王汝明的回忆均出自此书。

万历间，观海亭倾圮，时人在旧址建蹑云坊。

又十年，蹑云坊倒塌。时任知县、江西南昌人赵应旟重建蹑云坊，并亲笔题写了坊额与楹联。赵应旟工书法，所书苍劲古秀，功力深厚。这副楹联也气势不凡，联曰：

对此长江左蠡烟波今宛在，

位当绝顶西湖风月定何如。

其时，站在蹑云坊下，长江近在咫尺，烟波浩渺，仿佛置身鄱阳的湖光山色；登上山顶，俯瞰周遭，东部、北部江水汤汤，西部、南部烟树千村，杭州西湖的风光也不过如此。

今人再登孤山，山下甾畲万井，田畴载绿，向东方极目远望，天际间长江被视野压缩成一条灰白色的绸带，在连绵的江南丘陵的映衬下，环绕远去。

蹑云坊矗立了二百年，道光二十九年（1849）夏，暴风骤雨，雷电交加，蹑云坊再次倒塌。光绪五年（1879）《靖江县志》卷二载："蹑云坊，孤山麓，赵侯应旟建，今毁。"可见，光绪年间，蹑云坊已不复存在了。

据王汝明回忆，现存的蹑云坊是民国初年十团总董（相当于区长）郑熙璋所重建的，坊额及楹联当则根据流传民间的赵氏墨迹拓本重勒。

2016年春，诗人、安徽省作家协会副主席胡竹峰登孤山，看到这副对联，评价说，上联里有凉意有洞达，下联有几分晚唐诗风与晚明文章的疏淡。[1]

万历年间，知县朱勋在原望江阁旧址建楼，题其额曰"环玉"，俗名望江楼。前又有亭，题曰"晏海"。后赵应旟手书"定水恒沙"悬楼上。万历四十四年（1616），赵应旟的座师、著名书法家董其昌泊舟靖江江口，赵应旟遂请董为孤山题写"海柱峰"，悬于望江楼上。

---

〔1〕胡竹峰《孤山》，收录于《竹简精神》，合肥：安徽文艺出版社，2019年6月。

崇祯年间，望江楼倾圮，山僧智涵募资重建。

1914年，邑人蒋启藩游孤山，登望江楼，有如下记述：

> 楼中闲静异常，壁间亦罕游客遗迹。惟中楹柱有联云：孤山岭路转峰危，别开景况；望江楼风帆浪泊，具有化工。前有小额一方，题曰：海柱峰。余则蛛网密布耳。[1]

惜今匾随楼早已逸去。

山东北绝壁是为孤山胜景，高50余米，陡峭不可登攀。望江亭即修于峭壁之上，凭栏眺望，可见一江如练，逶迤向东。其时山色空蒙，极目远眺，迁客骚人又怎能不诗兴大发？

望江楼北主峰有得此亭，未知建于何年，光绪年间已废，旧存有石碑，今也不见。1921年，时任县知事、绍兴人金国书募集资金，修缮孤山庙宇神像，并原址重建了得此亭。重建的亭为正方形，采用钢筋水泥为建材。

金国书又在山前偏西建有不孤亭，取“德不孤，必有邻”之寓意。亭为六角形，除底座为水泥所铺，其余皆是木结构。

不孤亭南边有一块空地，植有梅树、桃树，每年春天，山花烂漫，成为孤山一景。

---

〔1〕蒋启藩《游孤山记》，刊载于《学生杂志》第二卷第三期，1915年3月。

# 荒冢草芊

中国古人笃信风水，孤山作为靖江唯一的山丘，藏风聚气，不免被豪门望族所觊觎，成为他们身后的长眠之地。

除了拥有孤山产权的张氏外，在明代，显赫一时的长安团朱氏也将坟墓建到孤山西侧。

《（咸丰）靖江县志稿》卷十六载：

> 孤山巅之西，有前明朱茂林墓，郡人太常寺卿吴一鹏表之。

朱茂林，原名椿，字茂林，号三友居士，为避明太祖朱元璋第十一子朱椿之讳，改名朱岩。朱家祖籍太仓，明初迁居靖江，居长安团（今属马桥镇）。朱岩豪富好施，曾捐粮食给边关将士，朝廷下诏为其建坊，并授怀远将军、太仓卫指挥同知。

朱岩子嗣兴旺，有六子十四孙。

其孙朱得之，字本思，号近斋，是王阳明晚年所收弟子，著有《三子通义》《宵练匣》等。其重孙朱正初，字在明，能诗，擅书法，好收藏，颇受当时的文坛领袖王世贞、著名文学家王稚登、李维桢等人的推重。

《（咸丰）靖江县志稿》所记为朱岩写墓表的吴一鹏是苏州人，曾任南京吏部尚书。但是为朱岩写墓表的另有其人，是曾任太子太保、武英殿大学士的贾咏。而且这块墓表还保存了下来，今存于马桥镇徐周村村委会。

朱家坟园石坊，右上角为蹑云坊。摄于1949年5月，丁荫伯（右一，原靖江县委副书记）后人供图

朱岩死于正德九年（1514）十一月初七，年七十六，正德十年（1515）“三月廿六己酉葬公于孤山之西峰前”[1]。

朱氏的祖茔位于今马桥镇徐周村，为何改迁至孤山，墓表中也有交代，即“先是公不欲改迁，卒迁之，以避水患”[2]。

朱家选择此地为墓址，自然请了风水大师看过。据风水大师称，此地乃龙穴，风水极佳，可保子孙后代“笏满床”，产“三斗七升芥菜仔官”。

此话不虚，朱氏后代确实出了许多官僚，但品阶不高，都是诸如鸿胪寺、光禄寺的序班、署丞之类的小官，最大的也没有超过七品知县。

据说，再后来，有位靖江知县颇通舆地，一次到孤山巡视时，看出了这块龙穴的玄机，心生嫉妒，便“做造”了一下。他在朱岩墓对面的孤山港修了一条路。这样，孤山港似弓，那条路似利箭，正射向龙穴的正前方，由此龙穴被破。

说也奇怪，自这条路修好之后，这个在嘉万时期富甲一方的长安团朱家突然就败落了，子孙后代再没出过有影响的人物。万历三十三年（1605）朱正约死后，这个家族再也不见诸县志记载。

到了清代中期，另一支朱氏家族在靖江崛起，这支朱氏的堂号为“资善堂”，其代表人物朱懋德历官完县（今河北省保定市顺平县）、长垣县（今河南省长垣县）、夏津县、长清县（今山东省济南市天清区）知县。

［1］［明］贾咏《明故怀远将军日朱公墓表》，收录于《南坞集》。
［2］同上。

乾隆十四年（1749）秋，朱懋德因病辞官归里。冬，发妻闻氏去世，卜葬孤山之南。此后，“资善堂”朱家在孤山周边大兴土木。

乾隆十七年（1752），建石坊、罗城。乾隆二十年（1755），建享堂，名文昌祠，有“正屋三楹二厦，厢屋四楹，门屋五楹，中供梓潼神像”[1]。

乾隆三十年（1765），朱懋德去世，与闻氏合葬于此。此后，他的两个儿子，曾任绍兴知府的朱煦及其妻陈氏、曾任重庆府同知的朱照与其妻孙氏也都葬于此地。

“资善堂”朱家墓园主要位于孤山的南麓与东麓，规模宏大，松柏荫翳，有专人看守。

20世纪60年代，“资善堂”朱家墓园被毁。据说坟墓被扒开时，朱懋德身穿清代官服，尸体尚未腐烂。墓前有石羊、石马、石坊、石碑，当时没有保护意识，这些或是被毁，或是被挖坑深埋，或是被扔进孤山后面的河内。

存在了二百多年的“资善堂”朱家墓园就这样被破坏殆尽，今已荡然无存。

孤山西山半山腰有一座水泥浇注的圆形基址，有人说那是战争年代的碉堡遗址，其实不然。那实际是民国时期靖江八区四墩子（今属新桥镇）警察分局局长黄绍缙（号雍哉）的衣冠冢。

1929年9月，四墩子警察分局局长黄绍缙想敲诈勒索，严令禁止举办一年一度的迎神赛会。群众不顾禁令，如期举办赛会，黄雍哉命岗警开枪，造成一死两伤。群群情哗然，将黄雍哉与其姨侄郑明义烧死。这成为当年靖江轰动一时的事件。

黄绍缙死后，当时的国民党县政府将他风光大葬，在孤山西侧建了一座馒头状的衣冠冢。后来坟包被破坏掉了，只剩下这座圆形基址。

2002年4月，泰兴人、原靖江独立团副团长孙滨逝世。根据他的遗言，经有关部门批准，其部分骨灰被安葬于孤山东南麓。青山有幸埋忠骨，这位在解放战争时期领导靖江独立团打了许多场硬战、恶战的老革命最终与他许多牺牲的战友一起长眠于靖江这片土地上。

---

〔1〕［清］朱懋德《文昌祠记》，收录于《靖江资善堂朱氏支谱》卷二，1941年修。

# 二　迢遥梵音

# 伏虎祖庭

孤山是伏虎禅师的祖庭。

伏虎禅师，俗姓李，扬州海陵葛冈人，生于南朝梁承圣二年（553）。南朝陈光大二年（568），辞亲出家，法号法响。后拜摄山（南京栖霞山）栖霞寺保恭禅师为师，于寺侧立法华堂，修智𫖮大师的法华忏。法响二十一天即获顿悟，道法突飞猛进。

隋仁寿四年（604），保恭禅师被隋朝召往长安，法响就返回江北，海陵、宁海二县百姓分别请他到寺庙受供养。

孤山寺伏虎禅师像

隋朝末年，海陵大宁寺僧智喜请法响和尚驻寺讲法。当时，海陵一带常有老虎出没，每天都有十多人被虎咬死、咬伤。法响应百姓之请，举办斋会为大家祈福禳灾。

一日，法响正在说法，忽然一只老虎窜入斋堂，叼起一名信众就走。法响追了出来，大声喝道："不可造次！我正为施主设斋，快将他放了吧！"

老虎似乎受到震动，将人放下。不久，一群老虎来到斋堂，法响用法杖轻敲虎头，为它们说法。此后，老虎相随远去，再也不出来伤人。法响也因此获得了"伏虎禅师"的称号。

法响十分仰慕智𫖮大师，想到浙江天台山去寻觅大师踪迹。他过江到了江阴，因为战乱，道路阻梗，江阴僧众与信徒挽留他，遂驻锡定山飞锡庵。

唐朝初年，天下渐渐安定，法响又返回海陵盐亭。应百姓的请求，他在孤山南侧建立正见寺，在此修行布道。

贞观四年（630）冬初，法响对弟子说："我将要与你们诀别了，我最近老是做恶梦，恐怕将不久于人世。"他卧榻二十日，一日忽起身索要汤水，盥浴、剃发，自辰时至酉时，然后面向西而逝，年七十八。

临终时，法响对众弟子说："我愿以肉身布施诸鸟兽，但此地没有树林，我怕鸟兽吃不干净，秽人眼目，可将我埋在山的西南侧。"

弟子们根据法响的遗言，到山的西南侧开掘墓冢，刚好掘得一块可以容身的石穴，因此就将法响安葬于此，并建灵塔于其上。

以上就是《续高僧传》中关于法响和尚的故事。

《续高僧传》成书于唐太宗贞观十九年（645），作者道宣（596—667），是位治学严谨的佛教大师。

法响的家乡在海陵葛冈，可能就是今天如皋市的葛市。如皋自汉代便成为盐场。这盐亭当离孤山不远，是故他选择在孤山建寺。

关于法响其人，明《（嘉靖）惟扬志》《（崇祯）泰州志》，清《（康熙）泰兴县志》《（咸丰）靖江县志稿》等志书中均有记载。

比较有代表性的是《(嘉庆)重修泰兴县志》，其卷一《山川河渠》载：

孤山，在县东南七十里，南枕大江，岿然一峰，约高百仞，上有伏虎禅师像，祷雨辄应。旧在北岸，属泰兴，后沙涨江远，明初割入靖江县界，属常州府。

其卷八《僧道》又载：

唐初于济川镇南小孤山建寺以居，涅槃后，弟子造浮图葬之，名伏虎禅师祠，祷雨必应。后山垫于江，徙祠北岸。至今徙祠于季家市西北，名禅师殿。岁旱，邑令每迎以祷雨，无不立应。

禅师殿，在今泰兴市广陵镇禅师村。禅师村，原名莲子荡。

原禅师殿占地5000多平方米，在一个方形小岛上，由正门、前厅、大雄宝殿、东西厢房、藏经楼、方丈室等组成。整个庙宇气势宏大，环境优雅，院内植有5棵

山领苏中广场(徐建新摄)

百年高龄的参天古银杏树，枝叶繁茂，遮天蔽日。抗日战争中，禅师殿被日寇大肆破坏。新中国成立后，创建禅师小学时，庙的正门、前厅、后楼西厢房被拆除。

20世纪70年代，人们在原禅师殿址上建了一间佛堂，重塑禅师像，恢复了庙会活动。每年农历二月初八的庙会，都有二三万人参与，场面甚是壮观。至今，禅师村还流传着“撞禅师”“抢禅师”“赖禅师”等习俗。

《续高僧传》中有一些关于“小孤山”的描述，可以让我们窥见隋唐时期的孤山的大致风貌。如“出地百仞，四面无草木”“此无林木”“上山数里，至一树下皆是青菜”等语。

“仞”是古代计量单位，百仞约合今天的180米。当然，这个百仞只是个约数。南宋王象之的《舆地纪胜》即采用这一数据。

隋唐时，孤山缺少绿色植被，这与南朝时的“侧生大竹”已经完全不同了。不知道是采伐过度还是其他什么原因造成的。

“上山数里”的记述则意味着隋唐时孤山的山体比现在大得多。孤山山体的变小，很可能是多次的山体塌方所造成的。《（嘉庆）重修泰兴县志》中所说的“山垫江中”，大约即其中一次。

天下名山僧占多。总之，因为有法响和尚，有正见寺，孤山虽小，当也不遑多让，可归入名山之列。

# 殿宇巍峨

孤山的寺庙文化源远流长。

贞观四年（630）冬，伏虎禅师法响圆寂。正见寺大约也很快败落了。

自此至成化七年（1471）靖江建县，绵延八百余年，孤山寺屡兴屡废，且规模不大，又缺少像法响这样一位有影响的高僧，历代方志对之缺载。直至成化十八年（1482），常州府《重修毗陵志》才在《山川》篇中带了一笔，说孤山上“有僧庵”。

流传至今最早的靖江县志是刻于隆庆三年（1569）的《新修靖江县志》，这部县志中关于孤山上寺庙建筑的记载十分粗疏。只记有正德十年（1515）知县王棨霄迁东岳庙于孤山顶，并给田二十亩以供香火。而此前孤山上的寺观状况，并无记述。

至万历年间，邑人朱家栻所修《靖江县志》方设《寺观志》，其中有“孤山寺”一条，但只是对孤山上林林总总各种宗教建筑的总称。据其记载，此时孤山上的寺庙建筑有：

> 汉寿亭侯祠，在半山坳平坡上。
>
> 土神祠，在孤山寺前。
>
> 三茅真君祠，在山门东盘石上。
>
> 观音庵，在仙人台下。
>
> 东岳庙，在山顶中间大崇台。

东岳庙是当时孤山顶上最主要的寺庙建筑：“台下庑东西

向，即殿之翼卫也。殿后高数丈，有厅，以恣客游。”

除了这些释家、道家的建筑外，孤山顶上还建有不少名人的祠庙，让原本就不宽敞的山巅显得拥挤不堪。

崇祯年间，知县陈函辉在山顶建四贤祠，以纪念赵孟頫、虞集、孔元虔、孙一元四位曾流寓靖江的文化先贤。

康熙年间，时人在东岳殿前东侧建黄公祠，以纪念康熙二十五年至二十七年（1686—1688）的靖江知县黄起诏，今存有《黄公去思碑》。

关于孤山寺修葺，留下记载的有3次。第一次是顺治六年（1649），乡民陆琰出资重修；第二次是道光二十六年（1846），乡民再次募捐重修，仅存房屋20间；第三次是民国九年（1920），由县知事金国书倡议集资重修。

据王汝明回忆，抗战前夕，孤山上的建筑格局大体如下：

由山西南的台阶拾级而上，过蹑云坊，尽头是一块平地，上面建有6间平房，门脸朝南，分别是土地庙与城隍庙。往东不远处也有3间平房，为三官殿。转由东侧山路登上山顶，便是3间五进的庙宇。

正殿第一幢为眼光殿，殿正中塑有2尊菩萨像，伏虎禅师居左，眼光菩萨居右。第二幢殿塑有十八罗汉，朝北塑有泛海观音像，以及其他大小神像，还有龟、虾等，且有船及轿。观音脚踏鳌鱼，手执净水瓶、拂尘，面目慈祥，栩栩如生。

眼光殿与十八罗汉殿之间是一座长方形的天井，天井中间是一条走道，走道两旁各有一株数人合抱的银杏树。老树成精，常有善男信女焚香膜拜。民国初年，西边的银杏树被香火烧去一半，仅剩半面树干，居然生出树桠，长出绿叶。东边的银杏树，枝繁叶茂，雄伟壮观。每年秋季，这株银杏果实累累，成为当时驻庙道士朱兰亭的主要收入之一。

第三幢殿供奉的是玉皇大帝，其左侧为关圣帝像。殿东侧另辟一门，进门处有一尊木刻韦驮手执钢锏的塑像。第四幢殿为三茅殿，供奉有三茅菩萨，右为火皇菩萨。东西两侧各建有两间楼房，东为道士居所，西侧楼上空无一物，楼下堆放杂物。1940年，孤山人郑宗培倡议辟西侧楼房为“卍”字院，作为同道修行求静之所。

孤山寺（宋亮摄）

最后一幢即“环玉楼”。楼有两层，上下均供有佛像，有地藏、文昌、张巡等。环玉楼向北有一门，门前有一座小桥，通过此桥即可登后山，直达海柱峰。

1987年底采集的民谣《孤山节景》，记述的正是民国时期三月三孤山庙会的盛况，其中详细地记载了当时孤山上的宗教建筑，刚好可以佐证王汝明的回忆。民谣中说：

半山上，有庙宇，并排两座。
有东岳，与城隍，土地山神。
山顶上，新造起，大殿几进。
塑神像，受香烟，彩画装金。
大殿上，塑三尊，金身古佛。
两旁边，阿罗汉，一十八尊。
殿左边，塑一尊，禅师伏虎。
殿右边，塑一尊，眼光观音。
正殿上，塑三茅，金身神像。
王令官，执钢鞭，霸守山门，

1946年6月，解放战争爆发前夕，靖江县委、县政府组织了“大破拆”，孤山镇上的房屋及山顶上的建筑均被拆除。

20世纪90年代，应靖江信众的请求，中国佛教协会副会长净慧长老门下弟子明虚主持重建孤山寺，经过他多方募集，筚路蓝缕，终于将孤山寺一点一滴建设起来，先后建设山股暨天王殿、大雄宝殿、观音殿、三宝楼，方楼以及法堂、斋堂、寮房等主要设施，占地面积4820平方米，建筑总面积3290平方米。

寺中有5座主要建筑，为山门、大雄宝殿、观音殿、三宝楼、方丈楼，均系仿明清古刹，从南至北纵面参差排列。两侧建有东厢房、西厢房。东厢房共13间，分为斋堂、大斋堂；西厢房共8间，为祖师殿、客堂。另有清风堂为寮房。

而今，远眺孤山，一片葱绿，山顶上重檐叠阙，殿宇巍峨，瑰丽而庄严。

# 高僧大德

寺以僧显，一座寺庙能够成为名刹，高僧大德少不了。

自法响和尚圆寂之后，孤山虽香火不绝，但确实再也没出过什么佛学造诣深厚、有一定影响力的高僧。倒是有许多外地名僧造访孤山，为孤山文化增色不少。

崇祯十三年（1640）秋，被王渔洋推崇为“明代三百年第一诗僧”的苍雪到访孤山。

苍雪（1588—1656），字见晓，后改苍雪，号南来，云南呈贡人，崇祯年间驻锡苏州支硎山中峰寺。是年，他受邀到靖江城北楞严庵讲经，顺道游孤山，留下了一首《靖江孤山》：

地拥拳峰势望穷，天乘四面水连通。
不知与汉孰为大，虽小犹王亦自雄。
全海弹丸封极北，长江箭射挽归东。
翠螺一点堪幽绝，回首沧茫吐月中。[1]

这一年，丹徒人钱邦芑读书于靖江县署中，为靖江知县陈函辉选编诗集。一日，雨后天晴，钱邦芑特地到楞严庵拜访苍雪，作有《秋雨初霁过城北楞严庵访苍雪大师》。

钱邦芑（1602—1673），字开少，年轻时即有文名，精通书画，尤以草、隶见长。与张溥（复社领袖）以及徐孚远、陈子龙、艾

---

〔1〕［明］苍雪《南来堂诗集》，卷三。

南英等诗文大家并称于时。南明唐王时，钱邦芑以选贡上书言事，召对授监察御史。永历皇帝朱由榔登基后，以原官巡按四川。因孙可望专横跋扈，钳制永历王朝君臣并阴谋夺权称帝，钱邦芑察其野心，便弃官职，祝发为僧，法号大错。这又是一代高僧。

苍雪禅师画像

钱邦芑在靖江时多次游览孤山，有《靖江孤山》《泛小舟游孤山》等诗。钱邦芑著书凡20余种，多散逸。后人辑有《大错和尚遗集》四卷，吉光片羽而已。靖江旧志中所载钱氏诗，《遗集》中均未收录。他的同乡柳诒徵有《〈大错和尚集〉拾遗》，也仅辑有一首《靖江孤山》。崇祯十四年（1641）初夏，钱邦芑独自一人乘小舟游孤山，有《泛小舟游孤山》，诗曰：

舟行亦有程，夷犹理轻楫。风月正清美，物情共怡悦。
绿岸覆杂花，香气亦鲜洁。开襟纳群胜，驰目易迁别。
树外见平畴，稻苗竞抽节。农务各努力，旸雨期无厄。
游览具深心，欣感讵能灭。登崖纵危眺，天表诸峰列。
江海一线明，苍茫海光接。三山若可招，长啸天风发。
酹酒向太空，搔首情愈烈。俯仰忽余悲，茫茫何处说。

前半首写的是他从石碇港北上孤山所见，一派农家风光，令人心旷神怡；后半首写的是登山所见，最后一句“俯仰忽余悲，茫茫何处说”，不知何事触动他的心扉。这时距明朝灭亡不足3年，大约是想到国事蜩螗，忧从中来。

顺治二年（1645）中秋，八旗铁骑从泰兴攻入靖江，靖江正式归入清朝版图。

年底，孤山寺来了一名神秘僧人，法号今释，此后就一直驻锡于此。今释从不透露自己的身世，平时或歌或哭，郁郁寡欢，死后葬于孤山的后峰。

这一年，南明弘光政权覆灭，清廷在江南推行严苛的剃发令，激起民众强烈反抗。清廷进行了残酷的镇压，一时血雨腥风，血流漂杵，整个社会笼罩在恐怖的肃杀氛围之中。当时就有人怀疑今释的身份，推测他可能是明朝的遗臣，甚至是宗室，剃度为僧，不过是掩人耳目罢了。

估计方丈知道他的底细，否则不会收留他。佛曰“不可说”，这个秘密被永远地埋在了孤山之巅。

值得一说的是，同时代还有一位高僧，法号也叫今释，他就是曾在南明桂王手下任礼科给事中的金堡。金堡与靖江人朱士鲲同殿称臣，但一属楚党，一属吴党，是为政敌，后被朱士鲲等弹劾下狱，谪遣途经桂林，落发为僧，法号性因。桂林陷，金堡投广州雷峰寺，改名今释，字澹归。这位今释在明末清初颇有影响，但又毁誉参半。

但是显然，这两位今释只是法号相同，并不是同一个人。

乾隆十七年（1752）十二月，泰兴庆云寺首座聪悦法师受孤山寺的邀请，来到孤山出任主持。

聪悦，俗姓董，字怡然，湖北监利人，3岁丧父，5岁拜兴化县种福寺月印为老师，削发为僧，18岁受具荆州万福楼悟宗和尚。19岁顶笠游方于金陵香林大晓、维扬高旻天慧、杭州理安溶庵、西湖圣因淡如、湖州龙华敏修，皆有机契，最后仍回荆州，后受悟宗和尚嘱托，出任泰兴庆云寺首座。

聪悦在孤山寺只待了近2年，乾隆十九年（1754）十月，离开孤山，入泰州瑞国庵。聪悦著有《语录》一卷。[1]

聪悦是唯一可考的清代孤山寺的高僧。

---

〔1〕《兴化佛教通志》卷二《僧彦》、卷十《纪事》。

## 香期·庙会

万历末期，北大江淤塞成陆，天堑变通途，泰兴、如皋的百姓到孤山更加方便。每年春季，两县百姓争先到孤山登临揽胜，加之靖江本地的游人也有不少，一时间，孤山道上，人流如潮，热闹非凡。

康熙初年，邑人刘应峻在《游孤山记》中说：

> 神宗末，浸涨且塞，接壤泰、皋。每际春余，两邑来游，彩舆锦鞯，杂沓绿杨芳草间，而邑豪贵家及冶游少年，亦或牵舫挟伎，载酒具其下。[1]

刘应峻（1631—1678），字松樊，号小山子，戏鱼墩埭（今属孤山镇）人，著有《松樊集》。

孤山的庙会大概也形成于这一时期。

在清代，孤山的香期除了三月初三，还有正月十五、三月十五、六月十九以及九月初九。每逢香期，信众们扶老携幼，到孤山烧香祈福，而商贾们乘此人员聚集之际，在孤山脚下摆摊设点，兜售商品，遂形成庙会。

正月十五，俗称“过小年”。

这一天，孤山镇上的店铺都打烊休息，附近村庄的妇女则三三两两结伴到孤山进香礼佛。所以孤山附近人家坐月子，若有

---

〔1〕《（民国）靖江县志稿·山川》。

人打听生男还是生女，如果回答“正月半上孤山的”，人家便知道生的是女孩。

孤山东的旺坝头埭路旁有一座小土地庙，正月十五的清晨，孤山镇民都有赶去烧头香的习俗，据说争得烧第一名者，功德无量。今天这种习俗已经改为去孤山寺。

三月初三，是古代的上巳节。

孤山民谣说：“三月三，河北奶奶上孤山，跑一跑，瘫一瘫，茅草茎子触屁眼。”这样的民谣粗野、朴拙，更接地气。所谓“河北奶奶”，是指来自界河以北的泰兴、如皋一带的女人。她们一般雇船过来，船就停泊在南街的团河边。

山顶上，殿堂内，和尚诵经，道士拜忏，香客们进香。山脚下，节场次第排开，各种农副产品、生活用具应有尽有，争先叫卖。还有卖西瓜、卖米酒的，也有拉洋片的。来还愿的百姓出资在山下搭建戏台，请戏班子唱戏，供香客们免费观赏。旧时自然灾害频仍，瘟疫流行，为求菩萨保佑，庙会期间常常会搞“出会”，即抬着孤山寺的菩萨到周边乡村巡行，每到一村，村民总要准备供品在村头迎接。

三月十五也曾是孤山的香期。只是由于三月初三刚刚热闹过，这一天的人流就显得稀稀落落。庙门依旧大开，供进香的男女进出。而平日里，庙门都是关着的，香客只能从东侧的便门出入。

六月十九是观音大士的成道日，因此，这一天的节场也十分热闹。

从靖城到孤山镇，5000米长的大道上，善男信女、贩夫走卒，川流不息，而孤山镇上的商户也铆足劲，连夜赶制节货。东街的高家推出宵夜冷粥，每年仅此一天。那些趁夏夜前来赶场进香的，都会买一碗，既充饥又解暑。

天明之后，镇上已是人满为患，山道上拥挤不堪，摩肩接踵。路边但有空隙都设了摊点。

九月初九，重阳佳节，金风送爽，明清时的靖江人常喜欢在这一日到靖江唯一的山丘孤山登高。乾隆十三年（1748）会元郑忬有《九日孤山登高》诗：

几年秋兴梦江湖，此日闲居性转孤。

上得小山刚避债，吟成一句苦催租。

鱼龙水阔连天望，鹰隼风高卷地呼。

醉倒自然开口笑，笑他醉里把茱萸。

进入民国，在20世纪二三十年代，靖江各校的学子们常在重阳日相约登孤山。他们驻立海柱峰，仿阮籍狂啸，或坐在不孤亭里吃重阳糕。秋阳沁人，秋风拂衣；枫叶如丹，长江如带。但这样的光景并未长久，此后烽火连天，孤山饱受战争蹂躏，学子们也各奔东西，那些温暖与惬意的日子成为许多人再也回不去的记忆。

当时孤山镇上有两家茶食店推出重阳糕，有豆沙馅、枣泥馅、白糖桂花馅等品种。重阳糕上会加上一颗梅花形的红印，红白相配，赏心悦目。购买重阳糕时，茶食店会送你一面纸做的彩旗，这是用于敬神时插在重阳糕上的。两家茶食店均生意兴隆，其中“恒德源”还特意将重阳糕担到老庄头出售。

山东村石碇港上有一座烧香桥，每逢香期，靖江东部地区的百姓皆经此桥到孤山进香。后来，这个自然村也因这座桥而得名。这大概是因孤山庙会而产生的最有名的地名。

对于孤山庙会的产生、演变与发展，方志与文人著作中都无记载，倒是靖江民

孤山庙会

间以民谣的形式在讲述与传播，前文所提《孤山节景》即诞生于民国时期的一首全景式地反映了孤山三月初三庙会盛况的长篇民谣。

这首民谣以七言与十言分段交叉，描写了孤山的景致、香客逛庙会的经过以及返程遇雨的情景，生动有趣，活脱脱一幅孤山的《清明上河图》。因其篇幅较长，摘录部分于下：

到了孤山落大雨，茶坊酒店闹盈盈，
敬佛烧香游春景，上山之人一样心。
一路忙忙未停脚，忽听擂鼓响鸣钟，
撮醒香客心着急，摸摸身边搭包空。
忍饥受饿回家转，怨恨苍天情不容，
下山滑得爬爬跌，不贤妻子气冲冲。
前日要来你不肯，今日累我把军充，
身上衣襟漉漉湿，落汤鸡子一般同。
丈夫和顺免淘气，伸手相挽一路同，
轻言巧语微微笑，一家和气万事通。
天意难违休怪我，反与妻子陪笑容，
衣裳跌脏由我洗，鞋袜踩湿替你烘。
讲讲说说来得快，自己村到面前存，
抬头望见兄与弟，伸手搀住年老公。
明年要把孤山上，拣个晴天又无风，
妻子听说转笑脸，且到来年三月中。
你我回家勤纺织，零碎积聚几千铜，
未到三月早吃素，多请檀香供顶峰。
钉鞋雨伞随身带，多带盘川胜亲朋，
口里说来脚里走，不觉前面到家中。

# 三　风雅流韵

# 群贤毕至

两汉时期，江南一带人烟稀少，满目荒芜。西晋灭亡后，天下大乱，中原士族相随南逃，揭开了江南大开发的序幕。到了南朝齐，孤山第一次被采写进方志。

唐初，伏虎禅师法响在孤山前建起正见寺，八方信众前来烧香祈福。法响圆寂后，正见寺日渐衰微，否则以盛唐气象，那些倚马千言的诗人们必定会慕名而来，《全唐诗》中未必不会留下脍炙人口的孤山诗。

两宋时期，孤山默默无闻，只偶尔在地理志中留下惊鸿一瞥。

元代，马驮沙日渐扩大，江阴在马驮沙上设置巡检司，位于马驮沙东部的孤山日益吸引八方目光。当时，马驮沙半属江阴半属泰兴，两县抢着将孤山列入其八景之中。孤山一景在江阴叫“孤山帆影”，在泰兴叫“孤山钓月”。

明代，靖江建县后，但凡有文人雅士或达官显贵来游，孤山是靖江官方与民间争先推介的不二风景。

正德七年（1512）春，著名的山人及隐士、在当时文坛颇负盛名的孙一元访靖江，与靖江知县殷云霄“登孤山，阚海门，月余别去”。

两人常在孤山上饮酒赏景，“太初西南来，黎然略寒温。握手孤山巅，兀兀倾壶尊”〔1〕。一次，孙一元喝醉了，殷云霄作诗调侃他，说“君能复饮不，携酒上嵯峨”〔2〕，意思是说：你还能喝酒

〔1〕［明］殷云霄《久不作诗思太初》，收录于《石川集》，下同。

〔2〕［明］殷云霄《太初病酒以诗嘲之且招游孤山》。

吗？我们一起到孤山顶上痛饮吧。

嘉靖初，黄桥人、太仆寺卿何棐[1]曾三登孤山，留下了《初至孤山》《再至孤山》《又至孤山》三首诗。第一次登山时，他夜宿孤山前，“星辰夜伴岩前宿，风水时来枕上声”。第二次是傍晚，当时孤山北面还是长江，他在此北望家乡，“江南日晚望江北，天际数帆云与间”。第三次是深秋早上，他准备渡江北返，登孤山看日出，“槛外长江拖练影，中流日涌耀金铺”。每次登临都有不同的风景，不同的感慨。

嘉靖二十四年（1545），著名哲学家王阳明的两位弟子，靖江学者朱得之与浙江余姚人钱德洪在孤山顶讲学三天。前来听课的人络绎不绝。诗人王洪有诗：

大江流入海门东，孤屿天开半亩宫。
三日群贤围讲席，他年不断杏花风。[2]

是年，江阴人、南京光禄寺卿张衮（字补之，号水南）致仕后游靖江，靖江士绅在孤山顶上设宴为他接风。钱德洪在座，有诗曰：

击棹竞朝渡，直蹑孤山峰。
主人设嘉燕，尊斝来江风。[3]

万历五年（1577），靖江人刘光济从南京兵部尚书任上致仕。万历六年（1578）清明，刘光济回靖江扫墓，时任靖江知县黄自任在孤山顶上设宴招待，陪同者有邓钦文、朱正初等人。席间分韵赋诗，刘光济诗曰：

---

[1]［明］何棐（1464—1541），字辅之，号笃斋，泰兴黄桥人，弘治十五年（1502）进士，官福建浦城县令、陕西道监察御史、南京太仆寺少卿，有《笃斋遗稿》。

[2]［明］王洪《次钱绪山〈朱近斋集靖江之士友讲学于孤山〉韵》，收录于《（康熙）靖江县志》卷十八。

[3]［明］钱德洪《奉陪水南张先生孤山宴集兼呈罏山地主》，收录于《（嘉靖）新修靖江县志》卷七。

孤峰突兀峙江浔，阅世浮生几陆沉。
三月莺花堪载酒，一时冠盖此披襟。
沧波浩渺迷蓬岛，香界迢遥出梵音。
不是王乔飞舄下，那能春尽更招寻。[1]

万历十一年（1583）春，江阴人、曾官江西布政使右参议的季科到靖江踏青，夜宿山寺，隔江眺望家乡。有诗曰：

几从云峤望烟寰，此日松萝蹑屐攀。
残夜引杯看海日，隔江凭槛认乡山。
潮来佛国音俱寂，榻下僧斋梦亦闲。
乘兴绕廊寻往迹，古碑苔藓绿斑斑。[2]

季科以36岁盛年就告归养母，实在是看透了官场的腐败与黑暗。在这样的优游中，他获得了心灵的宁静。

翌年，明代戏曲评论家、诗人潘之恒游靖江。恰逢三月初三，邑人朱正初请潘之恒到孤山修禊，潘之恒有诗记之：

山阴禊嗣修，河阳花正烂。
岛屿表郊原，飞霞郁葱倩。
绝壁盘云根，长江抱天堑。
张乐向洞庭，行厨备丰膳。
幽怀澹忘归，落日光初敛。[3]

---

〔1〕［明］刘光济《觉宇黄明府邀登孤山燕集》，收录于《（康熙）靖江县志》卷十八。
〔2〕［明］季科《癸未春日游孤山宿僧舍》，收录于《江上诗钞》。
〔3〕［明］潘之恒《上巳朱在明招登孤山夜集江云楼》，收录于《东游草》。

古代的知县大多是通过严苛的科举考试拼杀出来的知识分子，他们有着很好的文化修养，有的本身就是文学家、诗人，比如前文提到的殷云霄，是明代“前七子”的羽翼人物。近水楼台先得月，对于靖江这一名胜，他们岂肯错过。

崇祯年间，浙江临海人陈函辉任靖江知县，任内浚团河、筑堰闸、饬学宫、广士额、建书院、课文艺、修邑乘、严武备，对靖江贡献极大。在陈函辉的治理下，靖江政通人和，成为明末乱世一方难得的世外桃源。陈函辉多次游览孤山，留下《和王元吉〈望孤山〉韵》《登孤山》《孤山偶坐》《孤山老僧年九十》《山僧饷水豆豉因进小粥》《孤山葺治诸梵宇疏》等诗文。

他曾登孤山望江楼，举目四望，顿觉胸次开阔。他说：

> 尝试一登环玉之楼，上蹑云之径，长江如练，烟海荒茫。北则岳武穆蹂金铁骑，渡民阴沙，英风飒然，至今如见。西则钟灵芑水，高皇帝衣冠在焉。今日圻父总六师，汤沐列环卫，弹压郙莒，实当东北一障。[1]

他又曾将靖江之“靖”拆成“青立”二字，并阐发：

> 邑亦有元山焉，夫是之谓靖，青焉立焉。[2]

他认为靖江之“靖”，寓孤山耸立之意。他后来将靖江县衙后的江峰阁的主楼命名为“青立楼”，又将自己的一本诗集题名《青立草》，足见他对孤山情有独钟。

在明代，到访孤山的名人很多，这只是其中的一部分。进入清代后，由于北大江已成平陆，长江远去，孤山风光稍逊于前代，前来赏景的文人雅客减少，但也不乏重量级人物，如著名画家、“清初六家”之一的恽寿平。

---

〔1〕《孤山葺治诸梵宇疏》，收录于《选寒江集》卷上。
〔2〕《青立草小引》，收录于《寒枝集》卷四。

康熙六年（1667）秋，恽寿平过靖江，登孤山，留下二首《孤山远眺》五律。其一曰：

一峰原砥柱，今日见桑田。
海峤云边出，江城树杪悬。
叶飞孤岸雨，雁度万家烟。
吴楚苍茫里，凭高思渺然。[1]

他还特地在首联后注曰："孤山原在江中，属泰兴，今成平陆，为骥江所有。"

清末民初，无锡人、著名教育家侯鸿鉴前后11次到靖江考察，七登孤山，算得上孤山的忠实拥趸。民国元年（1912）夏，他到靖江视察教育，再登孤山，有《登孤山》组诗，兹录其一：

九渡骥江五访山，游踪历历未全删。
绝佳风景最高处，万树春苍拥翠鬟。[2]

[1] 收录于徐世昌辑《晚晴簃诗汇》，卷三十三。
[2] 收录于谢鼎镕《骥江随笔》。

# 文人雅集

靖江建县之后，历任知县都很重视孤山的建设，不但修筑山路、广植松柏，还在山上建起各种亭台楼阁。旖旎的自然风光，美轮美奂的建筑，吸引着江南江北文人的目光，他们纷至沓来，登临揽胜。

文人骚客为孤山写下了大量诗文，或赞美江山壮丽，或感喟个人际遇，或记述朋友之情，或展示才学抱负。这些诗文除了给我们以美不胜收的艺术享受外，还是孤山沧海桑田的历史见证。

文人们的想象天马行空，为我们贡献了许多关于孤山的妙喻。

嘉靖末年，江阴人薛甲过江拜访靖江知县王叔杲，有《过江访王旸谷》诗，诗中说："每日江头望，孤山一翠螺。"将孤山比喻成碧绿的田螺。

江阴人、后来入籍靖江的邓汝楫则在诗中说："平沙烟树三江锁，绝壁云峦片玉浮。"[1]将孤山比作美玉。

而最绝美的比喻出自蜚声明代嘉万时期三十年的著名文学家王稚登。

隆庆二年（1568）六月，长洲（今苏州）人王稚登自京城南归，有信写给靖江人朱在充[2]。信中说："望靖江孤山，如美人一

〔1〕［明］邓汝楫《君山望孤山》，收录于《（光绪）江阴县志》卷二十七。
〔2〕朱在充，明代靖江长安团（今属马桥镇）人，朱正初的堂兄，曾官光禄寺丞。

痕眉[1]。”将孤山比作美女的眉黛。

自孤山登陆之后，文人雅集首选此地。而那些有身份、有地位的士绅，或是家庭聚会，或是宴请宾朋，也喜欢将酒席摆到孤山顶上，凭栏赏景，饮酒赋诗。孤山成了当时靖江最豪华的景点。

明代隆庆至万历时期，靖江长安团朱氏富甲江右，闻名遐迩。其家族代表人物朱得之、朱正初、朱正约等都好交际，尤其以朱正初为甚，“海内名流无不知有正初者”。

朱正初捐赀为郎，官鸿胪寺署丞。万历三年（1575）三月，朱正初辞官归里，优游林下。他经常出游，也常有外地朋友一苇渡江，前来看望他。

万历五年（1577）中秋，朱正初邀王稚登游靖江。十六日夜，他们同游孤山，一起前往的还有吴县人顾朗生。在这次夜游孤山中，王稚登留下了关于孤山赏月的美文。

王稚登笔下的孤山：

至山下，舍舆而登山。山巅一殿，其神冕旒。殿后亭名“观海”。萧然四壁……远眺海门，汤汤如孟诸，虞山之云，近在几席。狼山如聚米可掬也。

而月下孤山：

浮者黄云，层垒而兴，云际光才一线。未逾时，月潋滟满山矣。江流远悬，苍玉带间，寒潮可染裙也。

这是四百多年前的登山即景，让人心驰神往。

万历十二年（1584）秋，又一群名动江南的文士渡江来访朱正初。他们是李

〔1〕［明］王稚登《青雀集》。

维桢、王叔承、叶之芳、俞安期、汪永叔和殷汝寅[1]。

朱正初先是在江蓠馆摆酒为他们接风，然后又安排他们游孤山。靖江知县陈文燧与他们也相熟，特地派人送酒上山。王叔承有诗记之：

长啸江风醉有神，层峦携手即星辰。
却怜彭泽清樽美，谁道关门紫气真。
极目寒花回晚照，满空沙树薄秋旻。
烟波好作鸱夷去，虾菜娟娟入馔新。[2]

几天后，朱正初携酒，请李维桢等人再登孤山。王叔承又有《雨后朱在明携酒同李本宁诸君登孤山》等诗，真是流连忘返，意犹未尽。

陈函辉交游满天下，主政靖江期间，四方朋友前来拜访，络绎不绝。

崇祯十三年（1640）冬至日，陈函辉邀请徐遵汤、吴志远、孟称舜、钱邦芑、恽道生以及靖江新科举人萧松龄同游孤山，坐望江楼中饮酒赋诗。诸人中只有徐遵汤的诗留了下来。诗曰：

琴尊千里集襟裾，酒筹诗筹纷若织。
登楼欲喝万峰降，尚有春申相拱揖。
武林孤山早得名，名以林逋亦苏白。

---

〔1〕李维桢（1547—1626），字本宁，湖北京山人。著名文学家，文坛领军人物。隆庆二年（1568）进士，官至南京礼部尚书。崇祯继位，赠太子太保。著有《大泌山房集》《史通评释》。

王叔承（1537—1601），明诗人。初名光胤，字叔承，自号昆仑承山人，吴江人。诗为王世贞兄弟所推崇。著作有《潇湘编》《吴越游集》《后吴越编》等。

叶之芳，字茂长，号大浮山人，无锡人。著有《雪樵集》。

俞安期，初名策，字公临，后改今名，字羡长。尝以长律一百五十韵投王世贞，世贞为之延誉，名由是起，然竟以布衣终，亦工书。有《寥寥集》四十卷。

汪圣修，字永叔，安徽休宁人，圣敩（字敬仲）弟。

殷汝寅，古琴演奏家，生平不详。

〔2〕［明］王叔承《孤山绝顶陈明府酒至得神字》，收录于《后吴越游》卷八。

此游端可勒崖端，岁在良辰长至节。[1]

美酒美景，真是畅快淋漓。

孤山饮宴之遗风到民国犹存。

1943年春天，靖江教育界前辈盛逸白先生组织“止园学塾”的几位老师张月秋、童圣功、张晓江等人在孤山望江亭吃河豚。靖江市政协原副主席盛嵩如先生系盛逸白之堂侄，时年12岁，躬逢其盛，据他回忆：

> 二伯雇了一名挑夫，将烧好的河鱼和米饭，并到镇上饭店里借来碗筷盆勺，一并挑到山上，邀请大家到望江亭内聚餐，这就是河豚宴。二伯想得十分周到，还备了白酒和4样冷菜：牛肉、猪肝、猪肚、花生米。先喝酒，搭冷菜，大家开怀畅饮，好不热闹。然后用大盆盛好了河鱼，还有米饭。个个吃得翘起大拇指，都说味道好。还有人说，河鱼里的青菜更让人回味！长辈们还在孤山上吟诗作对，互相唱和。[2]

不同时代的诗人们，在不同的季节，本着不同的心情，或呼朋唤友，或踽踽独行，登上孤山。这里，成了他们的心灵憩息之地；这里，消解了他们胸中的块垒。他们的喜怒哀乐与孤山相感应，孤山成了他们的朋友，成了他们倾诉的对象。相看两不厌，孤山接纳了他们，他们也读懂了孤山。

诗人们走了，留下了诗文，也把各种情绪留在了孤山。正是因为承载了无数敏睿的思想，孤山已不只是自然之山，而成为文化之山。

---

〔1〕[明]徐遵汤《陈木叔使君招吴志远、孟子塞、钱开少、恽道生、萧松木同游孤山，诗以纪之》，收录于《江上诗钞》卷五十一。

〔2〕盛嵩如《上孤山　吃河鱼》，载于《靖江日报》2022年1月1日第A12版。

# 传说山歌

孤山曾名元山，原因是文人讳“孤”字，便自作主张将其改名。元者，一元复始，万象更新。但是老百姓没那么多忌讳，仍然称之为孤山。孤就孤，称孤道寡，孤而不独，反而想它念它，集万千宠爱在一身，为它编出许多民间故事、山歌民谣。一些口头文学，也常以它起兴。

关于孤山的民间故事，主要围绕孤山的产生而展开。这是生活在孤山附近的居民对这座神奇的小山离奇而浪漫的想象。

一个故事与八仙有关。

说是八仙中的铁拐李与碧灵山的百花仙子吵架，铁拐李气不过，就到弥勒佛那里借乾坤袋，搬山去堵碧灵山洞口，不让百花仙子出入。为防弥勒佛不借，就假称是搬山帮人间填海防洪。

铁拐李借到乾坤袋后，装满一袋山种，用张果老的毛驴驮着，自己躺在云端喝酒，不知不觉就喝醉了。百花仙子的妹妹百草仙子在外云游，正好看到，并得知铁拐李是要去装山堵自家仙洞，就趁铁拐李醉意惺忪，用宝剑在乾坤袋上戳了个洞。

就这样，乾坤袋里的山种从西天一路向东土抛撒，一座座高山拔地而起。等铁拐李到了碧灵山，袋里的山种已空，他气得将袋子一甩，袋里仅存的一粒小山种被抛到东海边，就是靖江的孤山。

另外一个故事是关于仙人洞的。

说是孤山后山是活的，年年都向上长。后山有一个很深很深的洞，叫仙人洞。洞里有草，有泥，还有石粉，人们遇到灾荒年时，就上山弄些草、泥、石粉，做成仙方给病人吃，吃了能消肿退热。

有一次，一个小男孩上山去玩，听到山里有摇绞车的响声，就到处寻找。一找找到仙人洞，他就循声而去，在很深的地方发现了一架金绞车，一架银绞车，还有一个老太婆在纺棉纱。看到小男孩后，老太婆停下来，叹了一口气，说："你听着，孤山像困牛，弟兄像对头，婆媳常淘气，姑嫂空作仇。只要他们都能和睦相处了，就好来搬这架金绞车了。"

小男孩出洞后，把发现金绞车的事情以及老太婆的话告诉大家。大家不相信，就让小男孩领着一同去仙人洞找。不料，一个妇女尿急，蹲在洞门口小解。仙人震怒，只听"叭嚓"一声，洞门关紧了，什么也看不到。而孤山的后山也停止了生长。

如果说八仙的故事纯属神话，那么金绞车的故事就有些神异，因为仙人洞是尽人皆知的孤山景点。这个故事形成较早，流传颇广，山东村人、曾供职于江苏省文联的丁浩先生就曾回忆，他幼年时在乡间即听到这个故事，说孤山里面有一架

孤山金秋（叶江摄）

金绞车。20世纪70年代初，南通煤矿指挥部在孤山下面掘出煤矿，更让金绞车的故事有某种预言的味道。

除了关于孤山成因、风光的民间故事外，还有不少民间故事以孤山为背景，比如《马良与马驮沙》的故事，说的是靖江的前身马驮沙的成因。

说是许多年之前，孤山还在长江之中，山上有好几座寺庙，几十个和尚，当家和尚叫马良。寺庙里养了许多马，一天，有匹母马生了一匹四肢瘫痪的小马。因为佛家戒杀，所以，马良吩咐管家和尚元清想办法把这匹残马卖掉。

一天，一位商人模样的香客偶然看到这匹马，暗暗称奇，当即向元清表示愿以一千两银子购买这匹残马，并付了定金。元清马上向马良报告，马良大吃一惊，觉得其中必有玄机。

不久，香客来取马，他让人搬来一块千斤重的石板压到马背上，奇迹出现了，那匹残马长嘶一声，站起来，四条马腿像金刚柱一般，稳如泰山。

和尚们忙问其故。香客说："这实际是一匹宝马良驹，不但能在陆上走，还能在水中行，在空中飞。"说罢，当即跃马扬鞭，沿孤山四周跑了一圈。

马良一见如此宝马，便产生了悔约的念头。香客见和尚存心赖账，也不强求，便偷偷地将马腿上四根离水毛拔掉，然后离山而去。

是年二月十八，马良照例要去镇江金山寺访师。他得意洋洋地跨上马背，扬鞭出发。不料马一入江，便往下沉，二者最后变成了石马与石人屹立于江心。奔腾直下的江水受阻，泥沙淤积，慢慢形成一座巨大的沙洲。

后人因为这片沙洲与马驮马良有关，便称之为马驮沙。

不得不佩服这些来自民间的智慧，马驮沙这样一座沙洲，被他们"望文生义"，敷衍出这样一段构思精巧、情节奇特的精彩故事。

而比民间故事更为摇曳生姿的是关于孤山的山歌。

靖江的山歌大多与"山"无关，往往是对人们在田野劳动或抒发情感时即兴演唱的歌曲的统称。而真正与孤山有关的山歌除了前文提到的《孤山节景》，便是这首《对山歌》了。《孤山节景》是叙事式的，《对山歌》却是抒情式的：

你唱山歌可有根？
你晓得东海龙宫有多深？
扬子江里多少浪？
靖江孤山有几斤？

我唱山歌怎么没根！
东海龙宫万丈深；
扬子江里浪推浪，
你抬孤山我来称。

一次，著名作家、如皋人朱千华到孤山看望同学，刚好同学所在的埭上有一位老者过生日，请了戏班子唱戏。戏台上，演员对起山歌，朱千华第一次听到这首《对山歌》，听罢，他感慨万千：

听毕，回味。不禁为此山歌拍案叫绝！想不到我贫瘠的苏北故乡，竟也有如此美妙的山歌！尤其是最后两句，用语大胆，想象浪漫，是首好山歌。[1]

可惜，也许是搜集整理得不够，我们所知道的关于孤山的山歌并不多。

〔1〕朱千华《山歌好比春江水》，收录于《像麦子那样金黄》，郑州：文心出版社，2012年3月。

# 永远的乡愁

> 经江荡江，船儿过江。
> 望见孤山，就是靖江。

这是多年前的靖江童谣。许多人躺在摇篮里，就开始接受这种最初的乡情熏陶。

为什么“望见孤山，就是靖江”？

船儿不管是从江口逆流而上，还是从上游顺流而下，“潮平两岸阔，风正一帆悬”，进入长江下游后，江南一带丘陵起伏，江北却是平畴千里。农耕时代，除了千篇一律的低矮茅舍，实在难以找到可以识别家乡的地标了。久别的游子在归船上焦急地寻觅自己的家乡，而一马平川之上突然出现一座苍翠欲滴的山峰，孤山——人们都指着那幢幢山影惊喜地叫道：

> 家乡近了，家乡到了。近乡情怯，那村头翘首企盼的母亲，妆楼颙望的妻儿，今晚我们可以团聚了。

这样的情感几百年来在无数人心头漾起、沉淀，成了靖江人，甚至苏中人抹不去的乡愁。

泰山不辞土，故能成其大。

孤山的山体却因为地质灾害、自然风雨、人为破坏等因素，千百年来不断地被削减。

《泰兴县志》记载孤山曾“垫于江”，以致禅师塔迁至泰兴莲

孤山冬景（叶江摄）

子荡。靖江建县后，见诸史载的孤山崩塌便有多次。如弘治十四年（1501），孤山崩东北一角；嘉靖三十九年（1560），孤山北崩数石等。

而人为肆意地破坏，则更让孤山满目疮痍，日益萎缩。

自南北朝以来，孤山顶上，寺庙屡兴屡废，每一次的兴废都不可避免地对山体造成伤害。

1929年，为建设农民教育馆，当时承建项目的包工头沈隆昌大挖后山岩石，砌成教育馆的围墙。后来孤山西街铺石，也取材自孤山后山。经过两次取石，孤山后山风景不复存在了，包括那座神秘莫测的仙人洞。

1947年11月，孤山据点国民党军在孤山半山腰开挖战壕，后因我长安区游击队开枪阻止而作罢。

20世纪50年代，孤山成立陶瓷厂，取孤山东北侧的岩粉烧制陶器，每年生产1000多吨陶器。

这些人为的破坏，给孤山造成了永远无法弥合的创伤。

南朝（420—589）时，孤山侧生大竹。

隋末唐初（618年前后），孤山四面无草木。

及至嘉靖三年（1524），知县易干在孤山遍植松柏，才改变了荒山秃岭的面貌。

1926年，孤山苍翠绿意，覆满全山，森林蓊郁，美不胜收！前山西南一大片都是亚乔木树，数以百株计。每届果实成熟，是供应制造素烛的原料；到了冬季，满地叶落，又是给附近居民的免费燃料。

此后，孤山上残存的明代古柏，大都被伐去做了建材。

抗日战争中，孤山寺唯一剩下的古银杏被当成烽火台，付之一炬。

1957年，《辅导员》杂志第5期刊载了孤山小学少先队总辅导员周鸣岗的一组照片，其中有一幅是他率领学生们在孤山上种树的照片。照片虽不算清晰，但那光秃秃的山岗上，只有几棵刚种下的幼苗，这就是当年孤山的面貌，看着令人心疼。

从20世纪50年代末开始，人们又开始绿化孤山。经过几十年的努力，孤山再次身披绿装。

1958年，靖江县政府在孤山顶上建起革命烈士塔、纪念堂。1959年10月1日，举行了落成典礼。自此，每年清明，到孤山祭扫革命烈士塔成了各单位的固定活动。1986年，纪念建筑从山顶迁建至孤山西麓，扩建有园前广场、前大厅、瞻仰道、纪念碑、纪念馆等。2019年9月，为配合弯腰沟红色旅游基地的建设需要，靖江烈士陵园整体迁址季市镇安武村。

1993年，邑人明虚和尚主持重建孤山寺。经过数年筚路蓝缕，孤山顶上再次响起梵呗。

寺庙与山林有着天然的、气质上的契合。孤山虽然山体不大，但是因为有法

1973年春，孤山小学教师把学生带到烈士塔前讲革命故事（王国良摄）

响和尚在此开宗立派，有上千年宗教文化的传承，小小的孤山似乎回归了它的本真，晨钟暮鼓与这天造地设的自然融合在一起，成为一方安放心灵的净土。

孤山山体面积有限，而孤山寺的过多建筑超过了它的承载，这是令人忧心的事实。所幸，我们及时认识到这一问题。2015年，政府斥巨资对山体进行加固与生态修复，让它依旧秀丽挺拔在十圩港畔。

如今正在规划的孤山旅游度假区，根据孤山的历史与现状，进行科学的布局与设计，许多消失的风光将得到重现，它将成为靖江的一颗绿色心脏，永远地跳动。

# 四 北乡红潮

在20世纪上半叶靖江革命斗争的辉煌历程中，孤山，尤其是孤北地区曾经扮演过重要的角色。这里不但是靖江建立党组织时西沙区委主要的活动与战斗的地方，还涌现出像善缘乡这样的红色堡垒。孤山人民在革命斗争中所展现出来的不屈不挠、坚毅勇敢的精神，至今仍是激励我们前行的动力源泉。

# 西沙区委

中共靖江县委西沙区委，一个靖江党史上熠熠生辉的名字，一群前赴后继、不畏牺牲的共产党人，一段血与火的光辉岁月，一部错综复杂、迷雾重重的红色历史。

## 一

民国十九年（1930）3月底，黄昏，暮色四合，靖城往北十多里处范家石桥，横河南岸乡绅范玉人的宅第，20多名手持长短武器的男子分作两队，悄悄地摸了进去。屋内一阵骚动后，范玉人、范迪仁父子被绑出，一群人很快消失在苍茫夜色中。

4月2日，范玉人与范迪仁脱绑返家。[1]

这次被绑的范玉人是盘踞在石桥头的恶霸地主，名循仪，号型先，玉人是其字，以字行，曾任孤山市董事会名誉董事。他平时收租放债，盘剥乡邻，百姓对其深恶痛疾。1929年11月，范玉人被人控告“诈财”，当时的国民党靖江县党部又检举其为“土豪劣绅”，吴县地方法院判处他有期徒刑2个月。[2]

其子范迪仁，字博爱，号厚民。光绪二十六年（1900）生，斜桥第二高等小学毕业，时年31岁。

组织这次袭击范家石桥行动的，是活跃在靖江北乡的中共

〔1〕《范玉人等脱绑归来》，载于《申报》，1930年4月7日。
〔2〕《范玉人案判决》，载于《申报》，1929年11月4日。

靖江县委西沙区委的范迪义、朱德庆等人。

西沙区委袭击石桥头的目的，是为了夺取范玉人“冬防队”的枪支。但范玉人很狡猾，早已将枪支分散入户。范迪义等人在范宅未搜到枪支，遂将范玉人父子绑至泰兴龙王殿。范玉人在脱绑后自称是“监守渐懈”“乘间逃出”，实际上是范家送交了500元“赞助”革命的经费，二人方被放回。

当时革命的主要任务是筹集经费、扩大武装和发展组织。地主、富农是主要的打击对象，打击的方式一是收缴地主武装，二是要他们出资、赞助革命枪械，三是不准他们向农民强行收租、逼租。

范迪义，生年不详，孤山区善缘乡范家埭（今属孤山镇勤丰村）人。1927年秋，靖江建立党组织后，经过发动，许多挣扎在贫困线上的贫苦农民都参加了革命，范家埭除了范迪义外，参加革命的还有叶子芹、戴巧生、戴如生等人。

朱德庆，光绪十四年（1888）生，孤山区宁界乡侯家埭（今属孤山镇土桥村）人。早年在上海五华洋伞厂当学徒，思想进步。1927年，四一二反革命政变后，朱德庆返回靖江，继续从事革命斗争，并加入中国共产党。

范迪义与朱德庆领导组织的这次袭击范家石桥的行动，无论规模还是作战效果都微不足道，但这是在中共靖江县委遭到破坏，东沙区委基本停止活动的情况下，为反击敌人的残酷镇压而开展的一次主动的革命行动，故仍在当时产生了一定的影响。

## 二

1928年5月，中共靖江县委成立，下辖东沙与西沙两个区委。两个区委分开活动，相互之间的联络站设在丁家埭（今属孤山镇勇进村）的丁三根家。丁三根是推小车（一说是弹棉花）出身的，利用这个身份，他经常往来于各联络站之间传递情报。

西沙区委及其领导的党员大多数是今天的孤山镇人。

区委书记：常少仁，常家埭（今属孤山镇新联村）人。

主要骨干：范林生，白前门埭（今属孤山镇土桥村）人；常老九、常德成、常德耀、常德金（4人为父子），小利埭（今属孤山镇勤丰村）人，家里开榨油坊；范迪义、叶子芹、戴巧生、戴如生，范家埭（今属孤山镇勤丰村）人。

西沙区委的联络点一个设在小利埭常老九家，一个设在陶家弄（今属孤山镇新联村）。陶家弄埭头有两间草房，开设了小酒店。酒店老板因为一只脚生疮，不能行走，所以绰号“陶拐子”。

1928年12月27日，“毗卢市暴动”后，为应对敌人的围剿，保存革命有生力量，中共苏常特委军委书记茅学勤率江阴红军撤回江南，靖江的同志在县委书记蒋润芳的领导下转入隐蔽活动。

此后，国民党反动派开始在靖江东乡、北乡反复地进行疯狂“扫荡”。新任国民党县长王继武积极推行保甲制度，制定了种种针对我党与革命群众的治罪条例，许多革命者被捕或牺牲，一时间白色恐怖的血雨腥风笼罩靖江大地。

1929年1月中旬，国民党靖江县公安局接到密报，至小利埭抓获常老九、常德成、常德耀、常德金父子4人，接着又至范家埭抓获范迪义。[1]

1929年1月24日，茅学勤在参加领导奉贤庄行暴动后，不幸在上海汉口路的新大东旅社被捕。2月6日下午，牺牲于江阴君山脚下。

1929年2月，东沙区委的张官臣、侯守卫、赵时生在五圩港被捕。[2]

同月，东沙区委宣传委员顾金富及李龙宝被捕。

1929年8月，国民党江苏省高等法院对靖江籍共产党员及革命群众集中判决，其中顾金富、李龙宝、张官臣3人分别获刑5年，侯景林、赵时生、包根郎、陈有根、陈节之、周锡林分别获刑10个月，常德金获刑8个月，范迪义获刑6个月，常老九获刑4个月，另有沈志忠、耿敬之、朱正芳、蔡如生免诉。[3]

---

〔1〕见《申报》，1929年1月17日。
〔2〕见《申报》，1929年2月26日。
〔3〕见《新闻报》，1929年8月10日。

1929年9月8日，侯建康在江阴被捕。[1]

同月，东沙区委组织委员孙寿彭及沈和章、张丙生在八圩港口被捕。[2]

10月4日，国民党靖江县公安局至白前门埭捕获陆老三、范银五、范印氏3人，后又在埭东芗科内与常少仁、范林生、叶子芹发生枪战。常少仁、范林生逃脱，叶子芹负伤被捕，当夜被解往靖城，后因重伤不治牺牲。[3]

11月初，东沙区委书记朱者赤在上海被捕。[4]

转眼进入1930年，对靖江共产党人的搜捕与杀戮并没有停止。

2月7日，12名已经获刑的靖江籍共产党人被以"行劫"部分需发回本地讯办为由，从镇江提解回靖。这12人都隶属于东沙区委，除包根郎已瘐毙狱中，其他11人分别是朱者赤、顾金富、李龙宝、蔡如生、陈有根、陈节之、沈志忠、赵时生、周锡林、侯守卫、朱正芳。[5]

回到靖江后，这些人中许多被以各种罪名枪决。

3月5日，陈有根被枪决。6日，李龙宝、顾金富、张官臣、侯守卫、赵时生被押至北外刑场枪决。[6]

同月，靖江首任县委书记蒋润芳在泰兴被捕，不久被秘密杀害。

在残酷镇压下，靖江革命运动进入低潮，尤其是在原来斗争的中心地带靖江东部地区，党组织很难开展活动，留下来的人大多数加入如皋的党组织中。

国民党方面也认为"剿匪"取得初步成功，遂于3月18日解散了通（南通）、如（如皋）、泰（泰县）、靖（靖江）、泰（泰兴）五县"剿匪"总部。[7]

---

〔1〕见《申报》，1929年9月11日。
〔2〕见《新闻报》，1929年10月3日。
〔3〕见《申报》，1929年10月7日。
〔4〕见《时报》，1929年11月4日。
〔5〕见《新闻报》，1930年2月10日。
〔6〕见《时报》，1930年3月9日。
〔7〕见《时报》，1930年3月21日。

## 三

整个1929年，东沙区委基本停止了活动，西沙区委虽也被捕、牺牲了一些同志，但还保持有相当的战斗力。

朱德庆应该是在这一年底从上海返回靖江的，不知是否受党组织的委派，总之，他回到靖江之后，西沙区委的斗争活动日趋频繁。

大约在1930年1月底，范迪义、常德金先后刑满出狱，所以躲过了2月份国民党靖江县政府的提解。他们出狱后又与朱德庆汇合，一起活动于靖泰界河两岸。

此时，革命形势有了新的变化，党中央决定在苏北成立红十四军。1930年2月6日，通海特委在南通东乡的张家宅召开大会，宣布中国工农红军江苏第一大队成立。

1930年4月3日，通海特委和红十四军在如皋贲家巷召开红十四军成立大会。9日，红十四军军长何坤组织攻打靖江长安市，这便是靖江党史上的“三烧长安市”的“第三把火”。

而“一打石桥头”正发生在此前。

西沙区委领导的武装斗争与红十四军成立后的革命行动相呼应，让原本以为天下太平的靖江地主豪绅们又风声鹤唳起来，纷纷逃往靖城躲避。国民党县政府迅速调动尹天民指挥的省保安大队进驻范家石桥，加紧对共产党人进行搜捕。

1930年4月下旬，范迪义、朱德庆等人再次组织袭击石桥头，此役烧去了保安队的驻地——刘新甫的茶馆店。在返回途中，又烧去了拒不出资的马伯林埭地主高甫庆的一座瓦房。

1930年5月11日，范迪义、范林生、朱德庆等乘敌换防之际，配合红十四军一部火烧广陵镇[1]。不久，又发动群众100多人攻击了范家石桥的驻军。此役由于敌

〔1〕据《靖江人民革命斗争史》（江苏人民出版社1995年10月版），火烧广陵镇的主力为红十四军第六大队第四中队。但据《中国共产党江苏党史第一卷（1921—1949）》载，红十四军初建时只有五个大队，并无第六大队。

人提前获知消息，已有准备，而未有斩获。

以上两次攻打石桥头的战斗与同年3月底绑架范玉人父子的行动，便是靖江革命斗争史上著名的“三打石桥头”[1]。

1930年6月底，西沙区委又组织了攻打天尊堂（今属孤山镇新联村）的战斗。

驻防天尊堂的是七区保卫团，根据安排，奉调靖城参加训练，县长王继武恐防务空虚，于6月29日急命保卫团开拔回防。下午5时，保卫团行至孤山，忽听得西北方向传来枪声，同时有人来告，称范家石桥受到袭击。保卫团当即派人分道驰援，到范家石桥后，却未看到动静。天色已晚，保卫团遂夜宿范家石桥。

这次攻打石头桥，应是声东击西，虚晃一枪，他们真正的目标是天尊堂。

夜10时，朱德庆、范迪义等三十余人率人攻打天尊堂。此役中，保卫团驻地天尊堂小学被毁。

现在看来，“三打石桥头”实际上是三次针对石桥头范玉人地主武装的规模不大的军事行动，其战果不如“三烧长安市”，却同样影响巨大。

“三打石桥头”的消息传到靖江城监狱，当时关押在监狱里的中共靖江县委东沙区委书记朱者赤和其他革命者欢欣鼓舞，决心与敌人斗争到底。在他的妹妹六姑娘前来探监时，特地嘱咐她买几丈白布给他们，准备在越狱后爬越城墙时使用。可惜后来未能成功。[2]

此外，朱德庆还曾组织一百多人围困孤山西北面大地主陆尧吉的家，令他拿钱资助革命武装购置军火，同时开仓放粮，救济贫苦百姓。

一时敌人惊恐万状，地主们纷纷逃入靖城或逃往江南。国民党靖江县政府悬赏400元捉拿朱德庆、范迪义等人。

---

〔1〕据《靖江人民革命斗争史》载：“三打石桥头”分别发生在1929年4月、4月下旬及1930年5月。结合20世纪60年代革命回忆录中的记载与《申报》的报道，笔者认为“三打石桥头”当发生在1930年的3月至5月。

〔2〕《土地革命时期的先烈——朱者赤》，收录于《靖江革命斗争史资料选·第一辑》，中共靖江县委党史办公室编，1985年4月，第124页。

## 四

就在朱德庆、范迪义等人在靖江北乡不断掀起革命风暴之际，1930年8月17日，一个犹疑畏缩的身影走进了国民党靖江县执委瞿立西的办公室。此人就是曾经让靖江的地主豪绅畏之如虎的中共靖江县委西沙区委的范林生。

1930年8月3日，通海特委和红十四军组织“黄桥暴动”，因为泰兴别动队负责人李吉庚的叛变投敌，遭受重大伤亡并失利。这也成为红十四军斗争形势急转直下的分水岭。

范林生的叛变，一方面是由于“黄桥暴动”失利后，斗争形势急趋恶化；另一方面是因为红十四军对军纪的整肃。1930年7月12日，红十四军在如皋水洞口枪决了流氓无产者孙盛（绰号“破凉帽”），这让革命动机本就不纯的范林生深感危机四伏，于是他思虑再三，走上了叛变革命的道路。

范林生主动投降，并当即递上了投名状，出卖了朱德庆、范迪义的行踪，称朱范二人“匿居沪宁路一带”，并“请命前往缉捕”。瞿立西大喜过望，当即派县公安局侦缉队长龙姓、刘姓二巡长随往协缉。[1]

1930年8月21日下午2时，朱德庆、范迪义等在无锡火车站被捕获，连夜被押解回靖。[2]但是，当夜，朱、范二人即被瞿立西以逃逸为由枪杀。

《申报》报道了事情的经过。朱、范两人被押解回靖后：

> 据供尚有积匪戴如山、瞿金成等，匿居在乡，图谋不轨，瞿立西即命做眼线，前往拘捕。当夜，在北外戴家垡将二犯获住，拟解县审讯，而范迪义、朱德庆行至侯家弄，希图逃逸，当即格毙。[3]

---

〔1〕见《匪首范林生自首》，刊载于《申报》1930年8月21日第11版。
〔2〕见《申报》1930年8月23日第12版、《时报》1930年8月23日第4版。
〔3〕《被获著匪图逸格毙》，刊载于《申报》1930年8月26日第11版。

这个报道有颇多疑点。

像朱德庆、范迪义这样的重要人士，既然不敢羁押在无锡，连夜就要解回靖江，却为何要让他们参加半夜的抓捕行动？既然他们已叛变，为何要逃逸？即便要让他们参与抓捕，为何不做好严格监护，不使有逃逸之虞？即便发生逃逸，将其重新抓获或击伤都是上策，何故双双击毙？

因此，朱、范两人的遇害，极可能是瞿立西策划的一次谋杀。瞿立西急于要置两人于死地，主要是因为朱、范两人在靖江影响巨大，不排除靖江的共产党人会组织劫狱之类营救行动的可能，只有将两人从速处决，才能消除后患，避免夜长梦多。而《申报》所谓"希图逃逸，当即格毙"的报道完全是瞿立西等人的授意，这样的对共产党人残杀后再造谣中伤的事，在那个年代并不鲜见。

当然，这只是笔者的推断。除非有新的史料出现，否则，这一切已随着当事人的全部离世，而成为永远的历史谜案。

家在离朱德庆家不远处的黄天佑，自幼就听许多乡邻讲述朱德庆带队攻打天尊堂的故事。20世纪40年代，他在上海五华洋伞厂当工人，这是朱德庆曾经做学徒的地方，他又听同厂一位50岁的女工（斜桥人）讲述了关于朱德庆参加革命的许多动人的故事。后来他撰文称赞朱德庆为"当年参与革命斗争、使敌人闻风丧胆、备受老百姓尊敬与爱戴的孤山地区早期的共产党员"〔1〕。

朱德庆、范迪义遇害后，靖江第一次建党所成立起来的党组织被破坏殆尽。

红十四军在经历一系列的斗争失利后，于1930年9月7日由军长李超时在如皋镇涛区田家铺召开紧急会议，决定将部队化整为零，让外地干部撤离江北。1930年10月初，红十四军宣布解散。

而范林生叛变后，被委任为二区新港的侦缉队长，后因故意杀人而被拘押，不久被枪决于靖江城北真武殿北刑场。

目前来看，与土地革命时期中共靖江县委西沙区委有关的资料主要来自敌

---

〔1〕黄天佑《孤山地区的早期党员》，收录于《孤山老战友（续集）》，蒋逸成主编，1997年5月。

方，来自我方的直接回忆资料十分缺乏。尽管这些来自敌方的记述为我们提供了大量西沙区委革命者的姓名与革命斗争情况的资料，但由于立场与视角的不同，其中难免有夸大、虚饰甚至故意诋毁的情况，这使得对中共西沙区委进行的历史研究存在许多盲点，比如组织架构、内部分工、联络方式、常驻地点，以及与泰兴、如皋党组织如何沟通联系等等。

就连担任西沙区委书记的常少仁，我们对他也知之甚少，甚至当时靖江党组织的幸存者、东沙区委组织委员孙寿彭也不了解他的底细。

据孙寿彭回忆，1928年秋，他曾奉茅学勤的指派，到西沙区找常少仁联系过工作，一是要求常少仁摸底西沙区地主拥有枪械的情况，二是告知常少仁，茅学勤将在秋后率领一批武装力量到靖江活动。秋后，陆尔康到靖江，曾在四圩埭孙寿彭家约谈过常少仁。

1929年9月，国民党靖江县公安局行政科长王大纶在八圩港抓获张丙生。张丙生供认："常少仁等11日曾在江阴某裁缝店内定制新衣两套，约期往取"[1]。王大纶遂带人前往江阴设伏。28日，王大纶抓获了前来取衣服的刘老四，"惟常少仁等则始终未至，想已闻风避去矣"[2]。可见常少仁为人相当机警。

几天后，10月4日，国民党靖江警察局在孤山白前门埭芗科地搜捕时，"范林生、叶子芹各携枪一支，常少仁携枪二支，自（芗科丛）内跃出向官军射击"[3]。常少仁手执双枪，杀出重围，可见功夫与枪法也很了得。

自这场枪战后，常少仁就再不见记载。1930年的西沙区委的所有行动中都没有他的身影，不知他结局如何。

---

〔1〕见《申报》1929年10月3日。
〔2〕同上。
〔3〕见《申报》1929年10月7日。

# 红色堡垒[1]

靖东的弯腰沟，
孤山的善缘乡，
都是我们常驻的好地方。
民兵帮放哨，
干部帮筹粮，
吃饭、安全有保障。

这是抗战时期流行于靖中抗日根据地的一首歌谣。

弯腰沟即今季市镇安武村弯腰沟埭，当时是靖江县委、县政府、县独立团的驻地。善缘乡即今天孤山镇的勤丰村与广陵村的部分，南至朱家埭、缪家殿，北至界河边的小礼埭、三新庄，由11个自然村组成。善缘乡是靖中抗日根据地的中心地带，也是孤山区委、区政府、区队的大后方。

## 一

善缘乡的革命斗争开始得很早。

1927年秋，中共靖江独立支部建立后，即开始在沿靖（江）如（皋）泰（兴）界河一带发展党员。1928年5月，成立中共靖江

[1]本文主要参考沈林之、沈子兴《“红色堡垒”善缘乡》，收录于《靖江革命斗争史·靖中片资料选》，中共靖江市委党史办公室编，1998年12月，第248—253页。

县委，下辖东沙区委与西沙区委。西沙区委的重要骨干都是善缘乡人，如范家埭的范迪义、叶子芹、戴巧生、戴如生，小利埭的常老九父子。范迪义家、常老九家还是党的秘密联络站。在残酷的斗争中，范迪义、叶子芹、戴巧生等人先后牺牲。

抗日战争期间，善缘乡离日伪军占领的广陵镇据点较近，离季市、孤山、靖城等据点稍远，相对来说，反动势力比较薄弱，贫苦农民则占绝对优势。

1940年，新四军东进后，靖江县、区都相继建立了党组织和抗日民主政权。孤山区委和区政府的干部就经常在善缘乡这一带活动，发动群众，组织群众，开展抗日救国活动。

1941年，孤山区展八乡连山村（今孤山镇镇南村连山埭）人、秘密党员季松岑来到善缘乡开展工作，先后发展了薄家埭的朱利锋、范家埭的徐尚志、姚家殿埭的刘龙云等入党。

这年夏秋，根据上级指示，善缘乡开展了以减租减息为中心的群众运动。由于群众基础较好，该乡的“双减”运动搞得比较彻底，群众受益很大。

随着“双减”运动的深入开展和群众觉悟程度的普遍提高，善缘乡的党组织得到了发展。缪家殿埭的沈吉甫、孙文伟、孙文明、孙文芹、孙玉培、孙国泰，小礼埭的沈志兴、莫少芯、肖炳奎，马柏林埭的仇国良、钱勇生，杨家埭的杨广汉、缪江，郑家埭的郑月庆、展根生，薄家埭的何景、高锡元、陈网德、陈玉成，范家埭的范广禄，高家埭的高楚芝等，都先后加入了中国共产党。

1943年12月6日，中共善缘乡党支部成立，朱利锋任支部书记。此后，朱利锋参军去部队，先后接任支部书记的有仇国良、高锡元、杨广汉。直至抗战胜利，善缘乡已有近50名党员。

1943年，抗日民主政府推行新乡制。孤山区委首先在乡党支部和群众中进行宣传发动，接着根据抗日民族统一战线的政策进行选民登记，讨论乡长候选人，最后选举出缪江为善缘乡的第一任乡长。善缘乡也成为孤山区最早实行新乡制的一个乡。

新乡长选出后，又对保长一级进行改造，废除保甲制，实行村长制。新上任的村长基本上都是群众真正信得过的人。从此，乡村的领导权都转到了以贫雇农为主体的广大革命群众手里，对推行抗日民主政府的各项政令起了保障作用。

党、政组织的建立和发展，推动了根据地的各项建设。此后，善缘乡的民兵、农抗会、妇抗会、儿童团等群众性的组织纷纷建立起来了。

## 二

1941年1月，皖南事变爆发后，日军进占黄桥，继而向黄桥以南进逼，发动大规模“扫荡”，斗争形势异常严峻。1941年2月，国民党鲁苏皖边区游击副总指挥李长江率部公开投敌，所部陈正才团侵占靖泰边区的新镇市、毗卢市，严重威胁靖江西部，隔断了我靖中与靖西的联系。靖江的革命斗争进入了艰难时期。

章蕴（1905—1995）

在这种情况下，靖江急需一位有威信并有丰富斗争经验的县委书记来稳住阵脚。1941年3月底，苏中区党委指派正在三分区检查工作的苏中区党委委员兼妇女部长章蕴代理靖江县委书记一职，原靖江县委书记谢克西调任泰兴县委书记。

章蕴在靖江总共待了2个月零23天，据她回忆：

那时，没有固定的地方可住。有时带民运工作队的同志，有时带游击队打游击。我印象（里），住的次数比较多的，是在一家养水老鸦的人家。那人家父子俩待我特别好，每次捕鱼回来，都要留一条鱼给我们吃。可惜，对他们的名字（我）已忘记了。反正有一条，你们动摇，我在这里转。他们看到有负责同志在这里，情绪也就稳定了。[1]

这个养水老鸦的人家就是善缘乡小礼埭严宝龙家。严宝龙的妻子曾给广陵镇附近的七圩埭张铁庵家当奶妈，严宝龙自己则给张家看坟园。严家除了出卖劳力，就是以养水老鸦捉鱼为生。

在章蕴住在严宝龙家期间，严宝龙夫妇不仅帮助章蕴摸情况、送情报，保护她的安全，而且每次捉鱼回来，都要留一条鱼给她。章蕴在小礼埭待的时间不长，但和善缘乡的人民群众却结下了鱼水深情。

新中国成立后，章蕴历任上海市妇联主席，全国妇联副主席、党组副书记，中共中央纪律检查委员会副书记，并在中共十二大上当选为中共中央顾问委员会委员。

对于在靖江的这段短暂经历，1984年10月，靖江党史办采访章蕴时，她尚记得很深刻，尤其是那户养水老鸦的人家。

1942年春，靖江县抗日民主政府建立的靖江师范学校由普济庵迁到善缘乡的姚家殿。由于对敌斗争紧张，该校一度使用“江左师范”这个名称。姚家殿有“口”字形房屋14间，院内有株三四人合抱的银杏树，环境十分幽静，很适合学生读书。

这个学期，第一期半年制简师班毕业了，在姚家殿招了一班一年制简师班。简师班与初师班大约有80名学生，加上教师、员工，校内人员有上百名，目标较大，教师被分散到群众家居住。学校成立了党支部，师生们除了上课，还在学校党支部领导下，深入到群众中去，教唱革命歌曲，宣传抗日思想，演出抗日救国的活报剧，深受群众欢迎。

1942年8月，由于敌伪在霞幕圩、广陵镇筑了据点，靖江师范学校迁往靖东弯腰沟。

同年，为了家属的安全与子女的就学，时任抗日民主政府民政科长的祝惟干

---

〔1〕章蕴《我在靖江工作的三个月》，收录于《靖江革命斗争史资料选·第一辑》，中共靖江县委党史办公室编，1985年4月，第73页。

祝惟干，摄于1932年，时年29岁

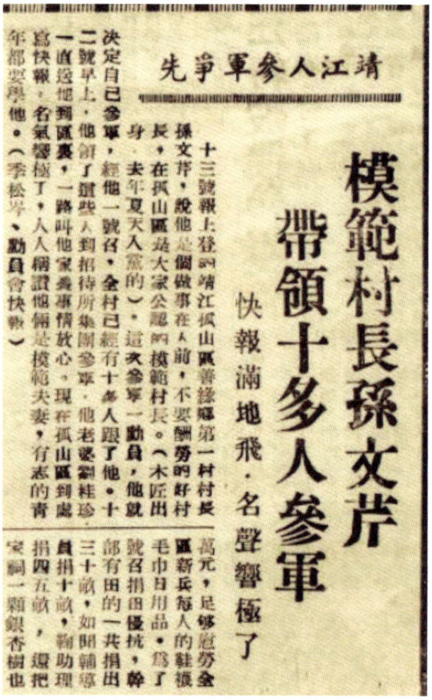

靖江人參軍爭先

模範村長孫文芹帶領十多人參軍

快報滿地飛．名聲響極了

十三號報上登的靖江孤山區善緣鄉第一村村長孫文芹，說他是個做事在人前，不要酬勞的好村長，在孤山區是大家公認的模範村長。（木匠出身，去年夏天入黨的）。這次參軍一動員，他就決定自已參軍，經他一號召，全村已經有十多人跟了他。十二號早上，他領了這些人到招待所集團參軍，他老婆劉桂珍一直送他到區裏，一路叫他家裏事情放心，現在孤山區到處寫快報，名氣響極了，人人稱讚他倆是模範夫妻，有志的青年都要學他。（季松岑、動員會快報）

萬元，足够慰勞全區新兵每人的鞋襪毛巾日用品。為了號召捐田優抗，幹部有田的一共捐出三十畝，如閘輔導員捐十畝，鞠助理捐四五畝，還把宋嗣一顆銀杏樹也

1944年9月19日，三分区机关报《江潮报》报道善缘乡第一村村长孙文芹参军的消息

举家迁至善缘乡缪家殿埭，借住于沈汉生家。1942年12月，祝惟干接任靖江抗日民主政府县长。

周围群众都把祝惟干一家视为亲人，给他们送粮送草。孩子们喜欢吃山芋、芋头，每到秋天收获季节，群众都要给他们送去一点。祝县长一家的到来，对缪家殿埭周围的群众产生了很大的影响，后来缪家殿有不少人参加了革命。

## 三

孤山区委和区政府建立后，就开始在群众基础比较好的善缘乡抓民兵建设工作，由闻靖到缪家殿、小礼埭等地发展民兵组织。

善缘乡的民兵英勇善战，从不怕苦畏难。小礼埭的沈志兴参加民兵后，不顾生命危险，到广陵镇伪据点内张贴抗日宣传标语。日伪强拉民夫修筑了靖季公路和靖广公路，孤山区便经常组织民兵到公路上割电线，破路拆桥，搞得日伪不得安宁。而每次去完成这个任务的，又都是以善缘乡的民兵为骨干。

1944年，广陵镇的伪军姚银富率一个营200余人到善缘乡抢粮草，善缘乡民兵积极配合靖江独立团三连及徐尚志等率领的

孤山区小队，与伪军激战于薄家埭西。此战缴获机枪1挺、步枪5支、短枪1把，还活捉了19名伪军。一时间，伪军只要听到善缘乡的民兵就闻风丧胆。[1]

1944年，全县开展参军运动。善缘乡不少党员和民兵骨干分子争先报名。家住缪家殿埭的共产党员、孤山区儿童团团长、年方16岁的孙国泰也报名参军。缪家殿埭的刘桂珍送丈夫孙文芹参军的模范事迹，在靖江县乃至苏中三分区被传为佳话。在他们影响和带动下，善缘乡有12位民兵参军入伍。

抗战胜利后，在中共靖江县委、县政府的领导下，善缘乡开展了轰轰烈烈的惩奸运动。接着就是“五四”土改，没收地主财产，把富农多余的土地征收过来，分给无地和少地的贫苦农民。

1946年夏，孤山区组织民工支援苏中战役，善缘乡的群众在党员带动下，抬担架、运军粮，纷纷加入支前队伍。

在惩奸、土改和参军支前运动中，善缘乡涌现出一大批积极分子，其中有不少人参加了中国共产党。到1947年初北撤前，善缘乡的党员已经发展到100多名。在整个孤山区，善缘乡党支部是党员最多的一个支部。

1946年秋，土改结束后，靖江县委为了保卫土改胜利果实，又一次发动了参军运动，时任善缘乡乡长的共产党员沈志兴带头参军。这样，善缘乡不仅是全县党员最多的一个乡，而且也是革命干部和革命军人最多的一个乡。

这年秋，敌人加紧对孤山边沿地区的“扫荡”，妄图杀害我边沿地区党员干部，推行顽化。我边沿地区的党员干部与之针锋相对，坚持斗争。为了解除后顾之忧，他们把家属转移到善缘乡缪家殿埭。对转移来的家属，缪家殿埭的群众从住房到吃饭，处处给予方便，不分彼此，亲如一家。

在抗日战争和解放战争中，善缘乡涌现出18位革命烈士。他们是姚家殿埭的钱江，范家埭的叶树滋、徐兴成、戴福生、范广熊，小礼埭的沈福庆、沈大和、陆少

---

〔1〕陈宝书《穷村烽火——团结公社勤丰大队范家埭村史》，收录于《抚今追昔》，中共靖江县委宣传部编，1963年，第87页。

善，朱家埭的高子春、丁久如、陆满恺，缪家殿埭的孙文明、毛德官，郑家埭的朱小春，马柏林埭的刘如生，杨家埭的缪根元，薄家埭的常金富、常汉生等。

在党的领导下，善缘乡的人民为创建、巩固抗日根据地和保卫解放区前仆后继，浴血奋战，涌现了一段又一段可歌可泣的英勇事迹，谱写了一曲又一曲感人肺腑的壮丽篇章。因此，善缘乡赢得了“红色堡垒”的美誉。

新中国成立后，善缘乡分为先进、勤丰、中心3个初级合作社，1958年，3个初级合作社又合并为善缘乡。1960年，善缘乡再次拆分成勤丰、先进2个生产大队。1983年，生活大队更名为“村”。2001年，勤丰村与先进村合并为勤丰村。

2021年12月，勤丰村入选第八批次江苏省特色田园乡村。

勤丰村特色田园乡村

# 烽火山边·战

旧时，孤山集镇被称为孤山边，简称山边，大约是言其规模小。

从土地革命到解放战争时期，我党领导的革命武装曾经几度挥师山边，打击敌伪，也曾与国民党当局在山边举行和平谈判。战争与和平，都是时代的缩影，是这座小镇留在靖江革命斗争史上的光辉篇章。

## 一

1928年5月，中共靖江县委成立，下辖东沙区委与西沙区委，孤山是西沙区委主要的活动地域。

是年10月，中共苏常特委军委书记茅学勤率部分江阴红军渡江北上，活动于靖东斜桥、西来一带。

12月21日，国民党驻斜桥冬防队接到密报，分两路袭击我位于四圩埭和小木桥的驻地，茅学勤的弟弟茅学思与其他两名战士不幸牺牲。为回击敌人的进攻，当夜，红军分三路袭击了靖江东部地区的文武殿等四座盐卡，缴获步枪11支，子弹数十发。

12月22日晚，红军夜袭孤山镇，除强征了部分商铺的物资外，还将驻孤山的五艘缉私盐船的枪支全部收缴。直至23日黎明，“始呼啸饱载而去”。

当时的上海《新闻报》惊呼：“孤山镇共党暴动。”〔1〕

〔1〕《新闻报》1928年12月28日。

红军在孤山的行动，比靖江党史上有名的“毗卢市暴动”还早五天。

## 二

1940年8月15日午夜，一支穿着灰布军装、佩戴标有“N4A”的臂章的队伍从西、北两个方向悄悄逼近靖江的孤山、老庄头两座伪军据点。这是继7月29日新四军东进黄桥之后，为打开苏北抗战局面、扩大我军影响、鼓动民众积极参加抗战，由新四军苏北指挥部发起的又一场战斗。

时任一纵司令员的叶飞将军在回忆中说：

> 部队在黄桥镇稍事休整后，就进至如皋、如西地区。一团乘胜攻克靖江东北的西来镇日军据点，四团攻克孤山伪军据点。[1]

而据时任二纵二团团长的段焕竞将军回忆：

> 8月上旬，苏北指挥部和二纵队就命令我们二团，从黄桥东北转到黄桥以南，进入长江边的靖江县境。我团和兄弟部队一起，攻击孤山镇、老庄头、西来镇等日伪据点。
>
> 孤山镇是个较大的市镇，离日军占领的靖江县城只有十二里，攻击任务就交给了我团。侦察结果，那里的日本驻军只有一个小队，而且因为苏北国民党军队向来和日军“相安无事”，所以防备比较松懈。我就率三营突然在行军三十里后发动夜袭，结果日军一个小队三十多人全部被歼灭，缴获三八式步枪二十多支，掷弹筒二具，轻机枪一挺。可惜的是，

〔1〕叶飞《叶飞回忆录》，解放军出版社，1988年11月，第170页。

连长黎石友牺牲了年轻的生命。[1]

也许因为时间太久远,段焕竞将军将孤山镇与西来镇搞混了。

当时驻守西来镇的是日军的一个小队,而驻守孤山的只有一个伪警察分所。伪警察分所在孤山镇南、团河之东建有炮楼,由所长徐邦杰率领伪警十余人驻守。

事后不久,徐邦杰向时任靖江县警察所所长蔡克谦呈报遇袭及损失情况,呈报中说:

> 案于今八月十五日下午十一时许,据探警曹士林报告,西北方向到有大股伪新四军匪兵(人数不详),自西北两方向围绕而来。职据报后,一面派警放哨布防,一面以电话告急。未几,电话线被匪割断,西南、直西、直北三面被匪重重包围。至十二时,发生接触。职率属固守防地,沉着抵抗。奈因匪势凶猛,前仆后继,机关枪、小钢炮、手榴弹不断扫射轰击。相持三小时之久,毙匪三名,伤十余名。苦因弹缺援绝,寡不敌众,致被匪等包围,将炮楼纵火焚烧,警长魏林之等十五名及县署工程助理员顾发元一名,卒遭匪等劫持,夺械绑掳。职与巡官徐定坤、警士毛炳荣三名,乘匪等搜抢时,避伏灶间草堆内,得以幸免。至今晨四时,匪始退向西北去。[2]

除了这份伪警呈报外,当时已经投敌的王汝明也有这样的回忆:

> 新四军占领黄桥后,在靖江县乡区建立游击政府,乃对徐邦杰的分驻所用兵袭击。此一未经训练的小型武警,那堪一击,全部缴械被擒,巡佐

[1]段焕竞《武功儿女翻江海:我和李珊的战斗生涯》,上海文艺出版社,1995年4月。

[2]《伪江苏省警务处关于新四军歼灭孤山、老庄伪警给警政部的呈文》,收录于《新四军·参考资料⑧》,解放军出版社,2015年,第159页。伪警呈文中污称新四军为“匪”,为保留历史文献的原始性,笔者未作修改。

王灿被俘就戮，徐邦杰躲于稻草丛中得幸免。此为孤山镇首开的战斗，亦为炮楼被毁之首开纪录。

## 三

当晚，老庄头的伪警察分驻所也被我军攻下。分驻巡官赵伯抚有如下报告：

案于八月十六日上午零时三十分钟，突有伪新四军匪兵数百名，由西北而来，包围侵袭。职随以电话告急，一面率属布防。未几，电话线被匪割断，旋即接触。匪等分以钢炮、手榴弹、机枪密集扫射轰击。我方困守防地，沉着抵抗，匪等受创甚巨。激战数小时之久，奈因匪势凶猛，我方弹尽援绝，致被匪等将防御工事破坏，侵入包围，纵火焚烧炮垒。斯时职率警等拼命突围冲出，其余警士伙夫瞿士贤等九名遭匪劫持，夺械绑掳。又警士朱立基、陈玉南二名均因渡港淹毙（朱立基脸部中枪）。至四时许，匪等仍由原路退去。[1]

除了一纵四团，二纵九团也参加了这次战斗。时任二纵九团团长徐绪奎的警卫员金山回忆：

1940年8月10日，黄桥战役之前，我们要把黄桥以南的孤山镇和西来镇这两个敌伪据点先拿下。当时，部队首长研究决定，由徐团长亲自率领部队只带枪支弹药（其他都留下）轻装前进，速战速决。我们于当天晚上10时，迅速、全部消灭了这两个据点的守敌。[2]

---

〔1〕《伪江苏省警务处关于新四军歼灭孤山、老庄伪警给警政部的呈文》，收录于《新四军·参考资料⑧》，解放军出版社，2015年，第160页。伪警呈文中污称新四军为“匪”，为保留历史文献的原始性，笔者未作修改。

〔2〕金山《从“江抗”一步步走上蓝天》，收录于《红色记忆·第三辑》，广州新四军研究会编，人民日报出版社，2019年6月，第74页。

在这次战斗中，金山缴获了一条毛毯，交给了徐绪奎团长。这在当时是一个稀罕东西，徐绪奎就盖着它睡觉。仅仅20天后，1940年9月6日，徐绪奎在营溪战斗中不幸牺牲。为纪念徐绪奎，二纵司令员王必成就留下了这条毛毯。不管多么破旧，直至去世，他都一直盖着他，没有舍得换。

如今，这条毛毯作为革命文物陈列在黄桥战役纪念馆中，成为王必成将军与徐绪奎同志战友情深的见证。

这条毛毯应是从孤山据点缴获的。

新四军发起攻打西来据点的时间比攻打孤山略晚，在8月16日晚2时许。战斗中，日寇施放了毒气，导致我军40余人中毒，攻击不得不停止。由于没能攻入西来据点，所以这条毛毯不可能从西来据点缴获。

而徐邦杰与赵伯抚的呈报中开列有孤山及老庄头据点的损失情况。其中孤山伪据点的损失包括“长枪十五支、短枪四支，炮楼上下梁柱以及台凳、铺板及蚊帐等物尽被抢劫焚毁”。老庄头伪据点损失包括“单开长枪七支、短枪二支、手提式一支，钤记、文卷、军装、蚊帐、用具及炮垒桁柱等物，尽被抢夺焚烧”。

呈报中虽然没提到毛毯，但都提到了蚊帐等床上用品。此外，呈报还透露，白衣堂临时驻警处也遭到了我军的攻击。

新四军攻击马桥白衣堂的伪驻警，在其他相关文献中从未被提及，可补军史研究之不足。

一个半月后，新四军苏北指挥部所属部队对国民党顽固派韩德勤部进行自卫反击，取得黄桥战役的伟大胜利。

1940年10月16日，陈毅、粟裕在致新四军军长叶挺、副军长项英，并转呈蒋介石与八路军总指挥朱德、副总指挥彭德怀的电文中还提及了8月中旬这次袭击行动，并提及了攻击西来镇日军驻点时日军施放毒气之事。电文中说：

管部乃在泰兴、靖江、南通地区行动，于8月中旬先后攻下靖江、南通间之老庄头[1]、孤山、西来镇各据点，管部伤亡百余人，其中中毒者四十余人事实俱在，可供鉴察。[2]

新四军在攻击孤山、老庄头、西来敌伪据点后，声威大震。借助这场战斗的影响，1940年8月下旬，靖江抗日民主政府在靖泰交界处的新镇市正式宣告成立。

## 四

1941年4月，新四军为粉碎敌伪“扫荡”，再次发起了攻击孤山、老庄头伪据点的战斗。

据时任新四军一师一旅副旅长兼参谋长的张藩将军回忆：

（1941年）4月9日，敌伪一千余人，“扫荡”泰州、泰兴、靖江地区。三个县警卫团配合主力第一、第二、第三团作战，连续作战半个月，攻克古溪、蒋垛、苏陈庄、大泗庄、孤山及老庄头等据点。[3]

这次攻打孤山、老庄头据点的经过，靖江党史上没有记载，细节已无人知道。

但据后人回忆，当时的伪军某部驻守孤山。新四军攻击时，为了示警，伪军竟将孤山寺仅剩下的那棵银杏树点燃。矗立山巅的巍巍大树，遂成为烽火台，付之一炬。

[1] 原电文作“老章头”。
[2]《中国现代史资料选编（4）》，魏宏运主编，黑龙江人民出版社，1981年6月，第167页。
[3] 张藩《一旅在苏中》，收录于《留取丹心照汗青：开国中将张藩将军纪念集》。

# 一

1945年8月，抗战胜利前夕，孤山回到了人民的手中。

1945年12月31日，屯驻江阴一带的国民党第四十九军七十九师在海军舰艇及海军陆战队的配合下，渡江北犯，强行在八圩港登陆。

1946年1月1日下午，国民党军队占领靖江城，中共靖江县委、县政府和独立团团部撤出靖江城，奉命守备季市。4月10日，靖江城的国民党军突袭新港市，造成我县警卫队及新港市委、市政府多人牺牲或被捕。15日，我华中野战军七纵在靖江独立团的配合下，一举收复了新港。

此时，国民党及美国的所谓调停小组刚到达我华中一分区。

中共靖江县委、县政府审时度势，要求国民党靖江县当局派出代表，到孤山镇谈判。国民党方面迫于压力，不得不同意我方谈判要求。

谈判时间在4月下旬[1]，谈判地点设在孤山镇郑锡珏（字慕良）开设的饭店里。

国民党方面派出的代表有县府指导员姚铮、县党部总务干事严志纯和七十九师的一名副官。我方代表有县长祝惟干、县

---

〔1〕参考祝惟干《与敌人进行谈判斗争》，收录于《祝惟干纪念集》，靖江市地方志办公室编，1996年2月，第148—151页。祝惟干回忆的谈判细节有误，本文综合《靖江人民革命斗争史》的记载，有所修改。

委书记兼县团政委许淦、副书记汪青辰、县参政会参议长刘伯骞、二中校长刘拜山等人。

双方联络人是私立苏北中学教师盛鲁东，警卫工作由靖江独立团负责。

上午10时左右，谈判开始。祝惟干以抗日民主政府县长身份首先发言，他说：

> 1937年12月8日，日寇占据了靖江城，在此之前的10月份，国民党就逃跑了。由于你党的长期腐败，弄得城乡盗贼蜂起，地痞流氓横行，老百姓处在水深火热之中。
>
> 1940年新四军东进，靖江广大人民在共产党的领导下，成立了抗日民主政府，组织了自己的军队，英勇地担负起抗日的重任。但是你们竟不顾信义，破坏《双十协定》，又破坏了“1·13协定”，占领了我们的靖江城，侵犯我们的解放区，攻打我们的新港市，抓捕市长叶诚等人，这是绝对不能容许的！你们必须退回江南去，赔偿靖江人民的损失，送还新港市长叶诚等同志！

祝惟干先声夺人，国民党的代表一时无从反驳，陷入被动的窘境。冷场了一段时间，那个副官才说：

> 我们军人的天职是服从，你的一席话，我们可以带回去报告上峰。

许淦与汪青辰抓住机会，立即讽刺道：“啊，原来你这位副官不是谈判代表！”副官有些狼狈，愣了半天才说：

> 周恩来先生答应过，你们应该退回到黄河以北去。

祝惟干马上诘问：

你这话从何说起？周恩来先生如何说过这样的话，为什么不在报纸上公开？协定中为什么又不写上？

那副官支吾了半晌，再也答不上来。

这时，见副官下不了台，严志纯转述国民党县党部书记长鞠维墉的狂言，骄横地道：

你们一贯不听中央调度，你们的部队更不是正统的部队。请问，你这个县长得到国民政府的委任了吗？

一听这话，祝惟干火从心起，他放开嗓门，大声诘问：

这样说只有你们是正统的了？我也问你，日寇向我们大举进攻时，你们在哪里？你们不是甘心情愿地当顺民吗？是八路军、新四军英勇抗战，才有今天的胜利。可是你们不但吃落地桃子，还处处跟我们闹摩擦，妄图消灭我们，世界上有你们这样不知羞耻的党吗？严先生，你说我这个县长没有得到你们中央的任命，这话不假，但我这个县长是老百姓选举的，是人民意志决定的，难道你不知道？你们不是也口口声声尊重民意吗？

严志纯一时语塞，只能顾左右而言他。

这时，服务人员送来饭菜，大家入席而坐。祝惟干端起酒杯，请服务人员斟了一杯酒，一饮而尽。趁着酒兴，祝惟干大骂姓严的总务干事是顺民，和汉奸没什么两样。

最后，祝惟干等提出，双方应当划定一个各自的活动范围和签订一个互不动用武力的协议，双方原本约好一星期后再到东门外盛家大厅续谈。

姚铮、严志纯等回到靖江城，将谈判经过向国民党县长张开仑、县党部书记长鞠维墉汇报，两人均认为所谈不符合他们的意图，从而也否决了续谈的可能。[1]

孤山谈判，让国民党反动派蓄意发动内战的阴谋进一步暴露无遗。国民党在政治上更陷入孤立，各界人士对国民党反动派无不咬牙切齿。

两个月后，1946年6月，解放战争爆发。国民党反动派集中5个整编师约12万人的兵力，向我苏中解放区发动大举进攻。

7月，孤山镇被国民党军占领。

## 二[2]

1946年9月，国民党“第一绥靖区”调整兵力，积极部署对苏中南部进行“清剿”。此时，八圩至季市一线已被敌人占领，敌人利用日伪据点的废墟，筑起新的据点和碉堡，为实施大规模“清剿”作准备。孤山作为攻守必争的制高点，成为据点之间相互响应、以点制线的枢纽。

11月，中共靖江县委根据斗争形势，将全县划分为靖江、靖中、靖西三个大区。姜八公路是靖中区与靖东区的分界线。孤山据点位于姜八公路东，是故，靖东区委找了一些抗战前后因为家庭等原因脱离革命工作的人员谈话，让他们利用关系打入孤山据点，做一些联系、争取、瓦解敌人的工作。

1947年8月，为了适应对敌斗争的需要，地委和军分区决定将泰兴县的广陵、曲霞、蒋华三个区划归靖江县建制，改靖江县为靖泰县。靖江县独立团也改为靖泰县独立团。

靖泰县成立后，经过一年艰苦卓绝的斗争，靖江阵地失而复得。为将更多的敌人歼灭在长江以北，县独立团决定对盘踞在孤山镇和柏木桥之敌发起攻击。

---

〔1〕严志纯《反动统治时期靖江县党部以鞠维墉为首的丑恶相》，收录于《文史资料选辑》第一辑，1962年1月，第76页。据严志纯回忆，谈判时间为1946年2月，显误。因谈判发生在“新港惨案”发生之后，故当在4月。

〔2〕本文主要参考刘联芳《记孤山顽据点和平解放前后》，收录于《马洲英杰拾遗》(下)，刘儒主编，蒋逸成编审。

1949年1月24日，靖泰县独立团第一营、第二营分别包围了柏木桥、孤山镇两据点。

此前一天，孤山据点的还乡团的主要头脑都逃进了靖江城，只剩下几个自卫中队。清晨，据点的自卫队发现被围，一时慌了神。早先打入据点的陈唐乡的沈锡钊、老庄乡的祁支中等人趁机找中队负责人，试探他的口气。这位负责人对沈锡钊等人的情况其实早有所察觉，只是睁一只眼闭一只眼，此时直截了当地说："你们不要推三阻四玩秘密一套了，请你们拿主见，说怎么办好，就怎么办！反正听你们的，我保证把部队管好，不出半点乱子。一切都由你们作主。"

沈锡钊等人说："只有放下武器，举行起义才有出路。"

中队负责人说："可以的，我们只认识长安区委的刘联芳，要起义，请他来当面与我们谈政策，保证大家生命安全。"

大家推举沈锡钊出面，出据点与靖泰独立团联系。

于是，沈锡钊来到位于孤山南郑家埭的独立团政治处，说明来意。政治处主任祝自荣写了一张条，派团部通讯员到柏木区找刘联芳。

此时，刘联芳任长安区委书记兼靖东大队政委，正指挥长安区、西来区、柏木区及靖东大队配合县独立团一营包围柏木桥据点。

刘联芳接到通知后，随团部通讯员来到孤山郑家埭，已是下午1时。他先与沈锡钊作了一番谈话，沈锡钊向他报告了据点自卫队的情况。

下午3时许，刘联芳向祝自荣简要汇报了情况，随即带沈锡钊一道去据点。团部为了防止发生意外情况，特地派了一个排的战士在离据点二百米处的一条小沟边警戒。

当刘联芳走到据点附近时，土围子的大门敞开，里面的操场上，自卫队员已经整整齐齐站好队在那里等待。刘联芳进门后，就大声地宣布：

弟兄们，我祝贺你们，今天又回到了人民中来了！我代表区委、区公所，对你们光荣的义举表示热烈的欢迎。你们放下武器后，我们一定按照党中央的政策，对于国民党的部队，只要在战场上自动放下武器，保证一个不杀，将功折罪，立功受奖！

刘联芳宣布完后，队伍里有人喊口令："向右转，起步走。"一百多名自卫队员倒背着枪支，井然有序地走出了据点。

从此，孤山重又回到人民手中。

# 五　木铎金声

孤山地区历来崇文重教。

自晚清以来，孤山地区曾经创办过多所学校，如孤山小学、广陵小学、缪家殿小学、石桥头小学、康庄桥小学等等，这些学校为普及教育、培养人才作出了巨大贡献。而孤山开明士绅创办的私立惜阴中学，更是民国时期靖江为数不多的中学。

孤山地区人才辈出，与对教育的重视密不可分。

# 孤山小学

民国以前，孤山地区的教育都采用传统的学塾模式。晚清秀才、康庄桥人褚果庭就曾在孤山前面的文昌祠内设帐授徒，因其学识渊博，讲授生动，颇受好评。即使到了20世纪30年代中后期，由于公办教育的不足，乡间私塾依旧存在，不过，教育内容、教育方式多有改良。此时的塾师有不少接受过现代教育，毕业于无锡美术专门学校的孤山村人刘汉周就曾在燕子桥开办私塾。

清末民初，开始提倡新学，孤山地区陆陆续续办起许多新式学堂。

孤山集镇最早的学校由元山团总董郑熙璋创办，始于光绪三十四年（1908），进入民国后，改称“第二学区区立第七国民学校”。

第二学区区立第七国民学校借晚清秀才刘志成家的房屋做校舍，只有一进三间。东面两间为教室，中间一间原为刘家供放祖宗牌位的享堂，上面还悬着“学耨耕耘”匾额。西面一间是教员寝室、办公室兼会客室。

最初学生很少，老师也只有2人，一个便是刘志成，兼任校长；一个是秦少棣，涨公殿埭人。到1917年底，这所小学仅有7名学生毕业。

1918年4月，江苏省视学周维城到该学校视察时，学校情况也无大的改观，据其报告中称：

现设三级（二年甲组与四年为一级，补习科与三

> 年为一级，一年与二年乙组为一级），计有学生一百十六名。……是日，适逢天雨，学生来校甫及半数。教室借用民屋，究于采光、通风不甚适宜也。[1]

国民学校虽说是现代教育的产物，其实还延续旧时学塾的教育方式，没有设置音乐、体育类课程，学生成天枯坐在教室里，老师们动辄以戒尺或教鞭惩戒学生。刘志成之后的校长周迁镐，就是因为体罚学生，被告到教育局而去职。

周迁镐去职后，校长由郑善接任，时学校已改称“孤山初级小学”（以下简称“孤山初小”）。

1931年秋，省督学金宗华到学校视察，时学生有两级，实到50余人。视察后，金宗华对孤山初小的状况提出批评。

其中针对硬件设施提出的批评有两方面：

一、校舍太逼仄，无法满足正常教育所需；

二、校园、图书、标本等，均缺而未备。

师资方面，朱文澜教授三四年级音乐，被批评教法不明，要求予以改聘。校长郑善“辅导有方，态度也和蔼”。[2]

1932年，孤山农民教育馆部分馆舍闲置，遂将孤山初小临时迁至教育馆内。

1935年春，省视学曹书田来到孤山初小视察。这一次，校长郑善受到严厉指责：

> 孤山初小校长郑善，办事能力较差，治校无甚条理，令振作精神，力谋改进。倘仍无进步，应即另行委员接充。该校实到学生仅四十六人，应暂并一级上课，并令严格限制缺席。[3]

---

〔1〕周维城《省视学周维城视察靖江县教育状况报告书》，刊载于《江苏教育公报》，1918年第1卷第9期。

〔2〕金宗华《金省督学宗华视察靖江县教育报告书》（二十年度第一学期），收录于《三年来之靖江教育》第47页，《民国文献类编》第750册，国家图书馆出版社，2015年9月。

〔3〕《令发江阴靖江两县教育视察报告》，收录于《江苏教育》第四卷，第一·二期，1935年。

郑善被解职后，校长一职由郑良接任。郑良，孤山人，毕业于靖江县立乡村师范。

同年，靖江县教育局拨款，在孤山南麓朱家坟园附近平整出一块山坡地，建起五间新校舍，正式挂牌“靖江县立孤山小学”。后因为缺乏管理并遭盗窃，校舍被毁弃。

抗日战争期间，孤山小学停办。直至抗战胜利后，才恢复办学，假西街瞿氏大厅复校。

旧时，由于教育方式僵化和缺少名师，孤山小学的存在感并不强。

新中国成立后，新成立的孤山小学又迁至孤山山南办学。

1953年，一位来自生祠镇的年轻人从新港小学调至孤山小学，他叫周鸣岗，他的到来让孤山小学有了些许亮色。

1955年，他辅导四年级学生郑维寅创作的泥塑作品《英雄打通雀儿山》被送省展览。第二年，他们携作品赴北京参加“全国民间美术工艺品展览会”，受到周恩来总理等国家领导人的接见并合影留念。

当时的《辅导员》杂志也对周鸣岗的教学成果屡有报道。

1985年，孤山小学迁至园山街，占地1.5万平方米，建筑面积达6400平方米。

进入21世纪后，孤山小学在办学方面不断取得成绩。2003年，孤山小学被评为“江苏省实验小学”；2016年，获评泰州市首批“一校一品一特色”学校。

# 农民教育馆

除了孤山小学，民国时期，位于孤山镇的农民教育馆作为靖江的社会教育基地之一，也比较有影响。

农民教育馆位于前范家埭南首。该地本是一片长方形的乱葬场，占地7亩左右。1929年秋天，此地经过改造，建起一"工"字形房屋。房屋前后各5间，中间为一长方形大厅，用于集会。1930年3月，房屋建成，5月正式挂牌"靖江县立农民教育馆"。

农民教育馆门口有一水石盆景。诗人、靖城人朱尔翔到此参观后留下题咏：

入门恍见小瀛蓬，何处飞来到此中？
瘦削无非本天造，玲珑从不假人工。
一拳尽可名山发，数尺居然傲骨同。
我欲下风甘拜倒，呼兄好学来南宫。[1]

农民教育馆内设有讲堂、博物馆、医药室、娱乐室、艺术室、会议室等，有藏书1100余册，标本模型90余种，图画50余幅，娱乐用具100余件。标本模型多是自制的，图画系征集的当时学生的创作作品。此外，农民教育馆还编印有《靖江农民》《靖农画报》《农民小丛书》等书刊。

---

〔1〕朱尔翔《咏孤山农民教育馆巧山石》，刊载于《民智日报》，1934年第4卷第2期。

首任馆长为罗建中，于1930年冬辞职，后由黄绍锾接任。

当时的农民教育馆有职员5人，其中有一位就是后来出任靖江县抗日民主政府孤山区第一任区长的夏云樵。

农民教育馆的主要活动有特约模范家庭、农民实习学校、巡回文库（每月巡回一次，巡回地点有6处），还开展卫生、识字、植树、筑路等活动。农民教育馆在农业推广方面进行的活动有分发棉种、指导农民试用碳酸铜粉等。[1]

1932年春，县教育局委托刚从江苏省立劳农学院农民师范专修科毕业的鞠汝诚任馆长。

鞠汝诚到任后，除对原有事业加以整顿和扩充，还于馆外划定施教区：南至孤山镇，北尽山北乡，西抵燕子桥，东达烧香桥，方圆十余里，计三十多个村埭，涵盖一千余户农家。分别在馆南孤山镇，馆西于家埭，馆东笪子桥以及馆北后范家埭、道士馆等处开办了农民业余学校，就近招收失学青年男女，面向他们进行教学，采取来者欢迎、不来者上门招的办法，同时将馆内图书、标本等定期送至各处巡回展览。

在农事教育方面，每届春夏播种时期，农民教育馆大量推广优良品种，宣传新的耕作技术。至谷物登场时，复挑选、集中各户良种，举行农产品展览会。

在健康教育方面，农民教育馆经常向农民施赠常用药品，按期为农民种痘、注射疫苗，并宣传清洁卫生常识。农闲时，除经常供应图书、报纸、乐器、留声机、无线电收音机和放映幻灯等外，还几次请省农民教育机关派员来馆放映电影，使山僻农民也能看到电影，扩大眼界。

在鞠汝诚的努力下，农民教育馆办得风生水起。

1933年11月，孤山农民教育馆的主要活动包括：

一、成立了乡间塾师研究会，开设短期辅导班，讲授常识、国语、算术等。

二、11月15日，参加县农产品展览会。孤山农民教育馆征集孤山地区农家优

---

〔1〕金宗华《全省督学宗华视察靖江县教育报告书》（二十年度第一学期），收录于《三年来之靖江教育》第47页，《民国文献类编》第750册，国家图书馆出版社，2015年9月。

良种子60余件送会陈列，半数以上获奖。

三、11月23日，县农村改良宣传队利用农民教育馆大厅进行宣传，有800余民众参加。

四、举办民众学校。设有三所：一为农民子弟补习学校，设在馆内；一为孤山民众学校，设在孤山小学；一为山北民众学校，设在山北小学。共有学生100多人。

五、利用馆后空地开辟试验农田，试种"金大纪念六号"小麦及本地豌豆、蚕豆等作物。[1]

是年，江苏省督学顾学彬在参观孤山农民教育馆时，看到当时的靖江县社教成绩展览会"利用孤山泥土，按照生计、语文、健康、公民、家事、休闲六项教育，制造各种出品，饶有教育意味，陈列馆中，颇能收观感实效"[2]，这大约是孤山泥塑的另一种形式。

当时，农民在高利贷的压迫之下，生活极端痛苦。该馆有鉴于此，于民国二十三年（1934）春与上海银行接洽，获得了2000余元的低利（月利率为0.6%）贷款，转贷给农民作购肥、置种之用，解除了他们的部分困难。

1935年3月，省立南通民众教育馆主办八县农业巡回展览会，恰逢孤山农民教育馆成立5周年之际。28日晚，省教育馆职员陈联衡、陈达将各项展品运抵孤山农民教育馆，计有686件，分装8大木箱。29日一天布展。

1935年3月30日，靖江县立农民教育馆成立5周年纪念展览正式开幕，一时盛况空前，参观者达数千人。晚间，教育馆内还放映了科普教育片《棉之生长与用途》，以及加映了卓别林主演的《巡捕》，让当年精神生活极度贫乏的靖江民众大开眼界。[3]

1936年春，国民党靖江县政府为办壮丁培训班，将农民教育馆停办。1939年春，馆舍被毁无存。

---

〔1〕见《民众教育通讯》，1933年第2卷第9—10期。

〔2〕顾学彬《顾省督学克彬视察靖江县教育报告书》（二十一年度第一学期），收录于《三年来之靖江教育》第62页，《民国文献类编》第750册，国家图书馆出版社，2015年9月。

〔3〕见《新江北日报》1935年4月1日第2版，影片名参考该报3月5日第2版的报道。

# 广陵小学

民国时期，孤山虽为区公所所在地，又有风景之胜，但繁华程度远不如广陵镇。广陵镇位于两县交界，又有界河水运四通八达的优势，市肆栉比，商贸发达。

得风气之先，广陵镇的现代教育也兴起较早。

光绪二十九年（1903），张汝谦在广陵镇创办英算学塾，这是靖江最早的现代学校。两年之后的1905年，清廷才明令废止科举，靖江县高等小学堂方于马洲书院旧址创办。

民国七年（1918），靖江第四高等小学在广陵镇创办，这是当时靖江仅有的五所完小之一。其他四所分别是位于靖城内的县立第一高等小学校、县立女子高等小学校，位于斜桥镇的第二高等小学，以及位于生祠镇的第三高等小学。

1925年岁末，刚从省立第三师范学校毕业的何健民在广陵镇七圩埭人张抃（正三）的帮助下，出任第四高等小学的校长。当时的四高开设有六个班，有十余名教职员。学校管理不善，教学秩序比较混乱。

何健民到职后，首先对教师进行调整，量才录用，然后逐步建立规章制度，加强了对教师队伍的管理，又尽量解决教师们的生活困难，学校的风气焕然一新，各项工作逐步走上正轨。

1927年4月初，东南“五省联军”白宝山、郑俊彦等部三个师一万余人败退靖江，曾骚扰广陵镇，四高也深蒙其害。据何健民回忆：

有一团长进校后，即躺在铺上吞云吐雾，大抽鸦片。他烟瘾甚大，左边吸了又调转身到右边吸。有的士兵向我们索取酒杯、豆油，制作油盏火，到无人处偷吸鸦片；有的还身藏衣物，显然都是从老百姓那里抢来。联军风纪的败坏，引起老百姓的愤恨，我对联军的腐败行为亦深恶痛绝，但为了学校免遭破坏，还得忍气吞声招待他们。不久，少数党军到校，向我们了解联军的情况，说大部队不久就到，要追赶联军。但党军没有继续北上，而是退驻江阴。后来我才得知，党军撤退是因四一二事变之故。[1]

1928年春，四高改名为县立广陵小学，何健民奉调孔庙小学任校长。

1930年，泰兴、如皋一带的农民运动如火如荼，广陵小学的生源颇受影响，不得不缩减学级。

1931年，省督学金宗华视察该校，留下这样的记载：

校设广陵镇，有房屋三十余间，尚可敷用，唯有一部分被地方保卫团借用，殊感不便，用具粗备，仪器、标本、书籍均不足用……教职员共八人，师范毕业者居大多数，均专任。校长杨钦绪，谨厚有余，精神尚须振作……校门侧，附设贩卖部，内外布置，均欠整洁。[2]

1937年12月8日，靖城沦陷后，教师纷纷回乡避难，广陵小学停办。

1940年8月，靖江抗日民主政府建立后，立即动员原有教师恢复办学。

当时的广陵镇上驻扎着日伪军，广陵小学恢复开学后，在表面上是一所镇办的普通小学，实际上是我抗日民主政府领导下的一所学校。教员全部都是抗日民

---

[1] 何健民《我的教育生涯记略》，收录于《靖江文史资料·第六辑》。

[2] 金宗华《金省督学宗华视察靖江县教育报告书》（二十年度第一学期），收录于《三年来之靖江教育》第47页，《民国文献类编》第750册，国家图书馆出版社，2015年9月。

主政府的工作人员。

教师白天以教书作为掩护，晚上全部下乡去做群众工作、宣传党的政策及抗日救国的思想，隔上一段时间还要到区里开会、学习、参加各种活动，汇报各方面的工作情况或接受上级布置的各项任务等等。

张瑜，江阴人，1926年生，抗日战争期间随父亲逃难到广陵镇，曾就读于安东桥的苏北中学。1942年，她16岁，到广陵小学当小学教师，每月月薪为公粮360斤稻谷。据她回忆：

> 敌人隔三岔五地就来学校骚扰。我们既要对孩子们灌输抗日救国的道理，还要与敌人进行周旋。
>
> 我们准备了两套课本，一套是由抗日政府秘密印刷的抗日教材，另一套则是普通的识字课本。每次上课时，我们在学校门口都预先安排学生轮流站岗放哨，敌人不来，我们就用抗日教材教孩子们，教他们抗日救国的道理；敌人来了，我们就用普通的识字课本同敌人周旋。
>
> 有一次上课时，我正向学生们宣传抗日救国的道理，忽然门口放哨的学生跑进来说，有一群伪军正向我们学校走来。我立刻叫学生们把抗日教材藏进预先准备好的墙洞里，拿出普通的识字课本大声地读起来："大大小小、多多少少、上上下下、左左右右……"
>
> 当敌人进来时，听到我们念的课本没有什么可值得怀疑的地方，转了一圈就走了。
>
> 还有一次，敌人又来到学校。这一次，他们好像察觉出了什么，在教室里东张西望，像狗一样到处嗅着，拿起识字课本翻了又翻，仿佛要在里边查出点什么东西。但是我们并没有害怕，只是屏着呼吸镇静地看着他们瞎翻。
>
> 忽然，有一个敌人直直地向那个隐藏着课本的墙洞走去，我们的心一下就揪紧了，几乎提到了嗓子口。这时我看到孩子们的脸上露出紧张

与恐惧的神情，就连忙用眼神安慰孩子们，提醒他们要镇静。只见敌人走到墙边，并没有发现墙洞，而是直冲冲地走向放着扫帚、簸箕等杂物的墙角，上去就把扫帚、簸箕拨拉得乱七八糟，并用刺刀在墙角的墙缝里探来探去。

由于我们的抗日教材隐藏得很好，敌人没有翻到什么他们想要的东西，恼羞成怒之下只好砸坏几扇窗户，灰溜溜地走了。我们的心这才放了下来，长出了一口气。

就这样，广陵小学的老师不断地同敌人斗智，不断地同敌人周旋，克服了种种困难，为抗日民主政权培养出了不少人才。同时，张瑜也在对敌斗争中逐渐成长起来，并且光荣地加入了中国共产党。

关于广陵小学，回忆的文章并不多，除了文中提及的教师，目前我们还知道，1936年4月，因“仲佩良案”而被捕判刑的中共地下党员高继绪（勤丰村马百龄埭人）在出狱后，到广陵小学任教，直至靖城沦陷。1940年8月，靖江抗日民主政府建立后，高继绪曾任三区（孤山区）的首任区长。

从广陵小学毕业的学生中比较有名的，有1995年当选中国工程院院士的张启先，还有在解放战争期间任孤山区区委书记兼政委、解放后担任靖江县委书记的蒋逸成等。

# 缪家殿小学

靖江自古多庙，除了崇圣寺等少数寺庙有些规模外，更多的是乡村百姓建起来的土庙，规模从几间到十几间屋不等，俗称“殿子”。殿子由哪位姓氏者出资修建，便以哪位修建者的姓氏命名，比如善缘乡（今勤丰村）的姚家殿、缪家殿。

清末兴办学校，这些乡间的条件相对好一些的建筑，往往稍经改造就成为学校的校舍。

缪家殿小学位于缪家埭东首，掘港之西，始建于清末民初，就是这样一所利用废庙改建而成的初级小学。

1931年秋，江苏省督学金宗华到该校视察，他在视察报告中记录下了当时缪家殿小学的基本状况：

> 基地颇宽敞，有房屋十三间，学生一级，实到三十人，应用有余。惟墙壁多需修理，校园亦欠布置，图书标本等均感缺乏，表册略备。[1]

正因为缪家殿小学校舍宽敞，金宗华曾建议将办学条件比较差的石桥头小学并入缪家殿小学，后来遭地方人士以“路途遥远，上学不便”为由抵制而作罢。

1937年12月8日，日寇侵占靖江后，原国民党政府所办学

---

〔1〕金宗华《金省督学宗华视察靖江县教育报告书》（二十年度第一学期），收录于《三年来之靖江教育》第47页，《民国文献类编》第750册，国家图书馆出版社，2015年9月，下同。

校基本停办，缪家殿小学也在惶惶不安中自行解散。

敌伪虽然占据靖城及部分集镇，但无法控制广大农村。时间稍长，学生家长希望子女有书可读，失业在家的教师希望有机会教书。应群众要求，1939年春，今勤丰村杨家埭人、原广陵小学校长杨钦绪在缪家殿小学旧址因陋就简，创办高级小学，将原来1个班扩充为3个班，即一二年级、三四年级、五六年级各1个班。

缪家殿南距日伪军据点靖江城约6.5千米，东南距孤山据点约3.5千米，东北距季市据点约4千米，西北距广陵镇据点约2千米。由于从这里通往这些据点的道路都是些蜿蜒曲折的小路，加之河港交叉，芦苇丛生，故敌伪军也不敢轻易到此骚扰。在这样一个兵荒马乱的年代，缪家殿小学成为难得的相对安全的读书之所。

学校创办后，附近的适龄儿童踊跃报名求学，连原广陵小学的学生也不顾路远前来就读。

杨钦绪是一位有家国情怀的教育工作者，他所聘的缪家殿小学老师都是具有爱国抗日之心、志同道合的知识分子。他要求将爱国主义思想教育融汇到教学之中。在一次校会上，他号召学生：

> 要努力学习，将来成为德才兼备的有用人才。讲德就要做到诚实勇敢、勤奋俭朴、不骄不躁、团结友爱，具备这些还不够，还要有爱国思想和行动，这是最重要的德。国难当头，首先要具有爱国思想。国亡了就谈不上爱国建国。我们仇恨日本鬼子，就要认真学好各门功课。[1]

1940年，靖江抗日民主政府建立以后，我党政军机关常来此驻扎。

新四军第一次驻营缪家殿埭，校长杨钦绪就积极组织高年级学生和全校教师与部队联欢。师生们第一次近距离接触新四军，很受震动，有的说新四军艰苦朴

---

〔1〕缪振新《杨钦绪和缪家殿小学》，收录于《靖江革命斗争史·靖中片资料选》，靖江市史志档案办公室编，1998年12月，第259—260页。

素，有的说新四军纪律严明，有的说新四军官兵平等爱护百姓。杨钦绪最后总结说：有这样的好军队，中国有救，民族有望。

联欢座谈后，师生们的爱国热情得到极大的激发。

此后，缪家殿小学积极配合抗日民主政府做好党的各项中心工作。在反“清乡”、反“扫荡”的斗争中，以缪家殿小学的学生为骨干组成儿童团，进行盘查放哨。教师们白天上课，夜间深入到校区各个自然村办冬学民校，并结合党的有关方针政策，如二五减租、男女平等、婚姻自由等进行宣传。同时，还教民校学员唱革命歌曲，《三大纪律八项注意》《新四军军歌》《大刀进行曲》等由此响彻孤山地区。一到晚上，歌声朗朗，群情激昂，呈现一派生气勃勃的景象。

1942年春，时任靖江县抗日民主政府民政科长的祝惟干举家迁至善缘乡，借居于缪家殿埭沈汉生家，其二子一女就读于缪家殿小学。三个孩子品学兼优。1944年7月，祝自莹、祝自福自缪家殿小毕业，考入弘毅中学。不久，靖西环境逐步稳定，祝自玉被送回老家东兴王家桥小学继续读书。祝自玉后来回忆说：

> 我记得上路时，许多乡亲把我们送出村口，相互挥手道别。这时，学校音乐课堂里传出响亮的抗日歌声。我不时回头看看母校，依依不舍地流下了激动的热泪。[1]

1943年，缪家殿小学被靖江抗日民主政府命名为孤山区中心小学。自此，孤山区中心小学在党的领导下，有了可靠的支柱和发展实力。学校办公费用由政府拨款解决，作为校长，杨钦绪享受政府的公助待遇。

1943年底，杨钦绪调任侯河区中心小学校长，孤山区中心小学校长由魏采鲁接任。这时全校有4个班级，7名教师，学生150余人。

---

〔1〕祝自玉《父亲教育我们走上健康之路》，收录于《祝惟干纪念文集》，靖江市地方志办公室，1996年2月，第104—105页。

当时县文教科计划把孤山区中心小学办成全县的典型，师资配备很强。7名教师都是骨干教师，如朱轶凡是靖江教育界的名师，能说会写，有丰富的教学经验；张霖能歌善舞，擅长体育，文武全才。孤山区委书记季松岑、文教辅导员闻楚善等对学校工作十分关心，非常支持，可谓有求必应。

1944年，学校以防奸、防特、参军为内容，组织了一次文艺演出，由师生们自编自演自唱，演出轰动全区，影响巨大。

这年端午节，靖江县独立团到缪家殿休整，孤山区中心小学组织将学生带来的粽子集中起来，竟有两担，由教师张霖带领学生，敲锣打鼓前去慰问。

为加强宣传工作，孤山区文教方面创办油印小报《快报》《大家看》，分送全区，由辅导员闻楚善组稿编辑，孤山区中心小学的朱轶凡、张祖培等几位老师负责设计、缮写、印发。这些小报成为教育群众、打击敌人的有效武器。

1946年解放战争爆发后，孤山区中心小学再次停办，直至1958年7月再次重办。1969年，孤山区中心小学迁至郑家埭后，改名先进小学。1999年前，先进小学并入勤丰小学。2000年后撤并。

缪家殿小学培养了大量人才，除了前文提到的祝氏姐弟，还有著名烈士、靖江独立团情报总站靖中分站长钱江，曾任靖江公安局局长、副县长的杨广汉，以及原中国人民解放军国防科学技术工业委员会政治委员、中国人民解放军上将戴学江等一大批人才。

正因为这样，今人回忆起缪家殿小学，还亲切地称之为“培养革命志士的摇篮”。

# 惜阴中学

1943年2月，春节刚过，春寒料峭，位于典当埭的惜阴中学开学了。新学期，学校来了一名英姿飒爽的女教师，叫夏柟。她负责教授历史、地理课。她还带来一名女学生，叫沈毅，十五六岁，插入初中部学习。

其实，夏柟的真名叫王于畊，为河北保定人，是时任新四军一师副师长兼第一旅旅长、苏中三分区军政党委员会书记叶飞同志的爱人。此次，她奉命以教师的身份作掩护，领导路南地区（泰兴城至黄桥的城黄路以南）的青年工作。

## 一

王于畊（1921—1993）

惜阴中学的前身是典当埭小学，民国初年，由埭上富绅刘明甫创办。

1937年12月8日，日寇由九圩港、十圩港登陆，靖江沦陷。靖江县城的初中、全县的小学和一切教育设施全部停摆，教师避居乡间，乡村学校自行解散。

但是，敌人无法控制农村大片土地，时间稍长，学生家长希望子女有书读，教师希望有机会教书，许多爱国的知识分子希望通过办学向青少年灌输抗日救亡思想，在这样的背景下，各地陆续办起私立小学、私立中学。

1939年夏，姚云骧、陈兆华、褚悦民等到典当埭，由刘家资助，在原典当埭小学基础上创立惜阴中学，邀请斜桥人陈勖达任校长。教师有姚庭驹、张洁和、罗建中、严松林、陈其智、陈兆驿、褚法章、刘太源、刘松雪等人。

惜阴中学最初有小学复式两班，初中4个班，后来添设高中1个班。因校舍不够，又另盖简易瓦屋七八间。生活用房借刘家空屋使用，安排大部分学生膳宿，少数学生在附近埭上借屋居住。教材采用战前书局发行的课本。

当时，大多数靖江人都有爱国之心，不愿自己的子女受奴化教育。惜阴中学因为是私立的，不受敌伪控制，教员大多是素负声望的名师，加之教学认真，因此远近学生慕名相率来校学习，连位于敌伪统治中心的城区，也有不少学生前来就读。

学习生活是十分艰苦的，学生们认识到这样的读书机会不易获得，因此都学习勤奋，孜孜不倦。早晨傍晚，琅琅书声充满田间农舍。

谁料，好景不长，伪教育局对惜阴中学的存在大为不满，认为该校离城不足五千米，竟与当时靖江的最高学府——靖江县初级中学分庭抗礼，便有心取缔。1941年暑假前，伪教育局派一个叫卢光普的科长来校察看，声称要接收这个学校，校里的经费、教师的工资，统统由伪教育局负责，否则就不准再办。

全校上下大为愤懑。校长陈勖达先生则严正声明，学校宁可不办，也不仰承伪组织鼻息。于是他和陈其智等教师断然脱离了学校。该校在抗日民主政府的扶持下继续发展，由黄旭轮继任校长。

## 二

1942年冬，日伪正对苏中四分区实行“清乡”，对三分区进行“清剿”。根据上级指示，中共苏中三地委实行精兵简政。由于有三四十所中等学校，三分区决定成立地委青年工作委员会，由周白帆任书记，王于畊任副书记，率领由部队和地方抽调出来的30余名青年干部，分赴各校开展工作。青年工作委员会下设两个分委，潘琪（后化名赵颖萍）负责路北，王于畊负责路南，即如西、靖江、泰兴路南地区。

当时，除了敌伪，国民党在学校也有频繁活动。他们不但在学校建立三青团组织，在教师中建立特务组织，散布反动言论，而且动员广大青年学生到“大后方”去。

国民党“巡回教育团”的周迁镐、鞠维墉也到惜阴中学两次，同校长、教师大谈初三学生只要毕业证书上盖有“巡回教育团”的印，就可到“大后方”（指第三战区所辖地区）直升高中。为了便于携带，“巡回教育团”除向学生发一张公开的毕业证书外，另用小的拷贝纸油印一张毕业证书，盖上他们的印。

由于当时许多教师有所谓的“正统”观念，周迁镐、鞠维墉的宣传对教师与学生有一定影响。〔1〕

同时，一个政治背景不明的青年组织——新生青年团（简称“新生团”）在如西、靖江的学校里发展成员、组织活动，显得异常活跃。

为打击日伪顽在学校的势力、建立我党组织、争取教师、团结广大青年，三地委决定成立我党领导的青年组织，取名“青年解放团”。地委要求地委青年工作委员会弄清“新生团”的政治背景，在合适的条件下把青年学生吸引到青年解放团来，也就是把广大学生吸引到我们党周围来。王于畊正是肩负这样的使命来到了惜阴中学。

王于畊在惜阴中学负责如西、靖江、泰兴沿长江一线的学校的青年工作，同时与靖江县委保持联系，随时了解敌伪动态。

在惜阴中学期间，她主要做了三方面工作。

第一方面，是领导了沪光中学“反卢护校”斗争，驱逐亲日反共的校长卢石青。

沪光中学是从上海迁来的一所完全中学，高中部在靠近弯腰沟根据地中心地

〔1〕陈其智《党指引我从爱国主义走向共产主义》，收录于《靖江革命斗争史文教专辑（下）》，中共靖江县委党史办公室文教组，靖江县文教局教育史编写组编，1988年4月。

区的白衣殿，校长卢石青同汪伪关系密切，并常来往于上海、靖江两地，表面吃斋念佛，暗地里诽谤共产党、新四军，不许学生进行抗日活动。王于畊亲自住到学校旁的村子里进行指挥，由学校党支部负责人谢承炤、徐梓人出面领导，通过学生会发起“反卢护校”斗争。这场斗争开展了约一个星期，卢石青带着老婆悄悄逃回上海，由较为进步的副校长罗树声接任校长。

在这场斗争中，学校党支部和青年解放团分团都充分发挥了战斗作用，并通过斗争的锻炼、考验，发展了党团组织。这场斗争是有影响的，它影响了周围的中学。

第二方面，是开展对“新生团”的统战和争取成员工作。

首先，她在有“新生团”的各校中了解情况，在掌握了大批第一手资料后，反复研究分析，认为“新生团”是个知识青年的自发组织。在青年解放团总团部成立之后，经请示地委同意，王于畊约了“新生团”的负责人谈话。经过一番工作，“新生团”被解散，大部分成员参加了青年解放团，统一了我党领导的青年组织。

第三方面，是与“三青团”在学校中的反共活动进行斗争。

当时的国民党“三青团”成员在学校里十分嚣张，他们散发传单，不讲抗日，专门反共，打击要求进步的同学，造成很坏的影响。王于畊组织进步学生，做好精心准备，同活动猖狂的“三青团”分子进行辩论，揭露了他们消极抗日、积极反共的丑恶面目。斗争取得了胜利，广大同学终于看清了这群人的面目，学校工作局面迅速打开了。

1943年暑假，三地委青年工作委员会在沪光中学举办了暑假补习班，也叫“青年夏令营”，吸引了周围各校500余人参加。这个暑期补习班由王于畊负责主持，约请了几位中学教师上补习课，王于畊也担纲讲述中国革命史的课程。

学生上午上课，下午有各种活动（游泳、歌咏之类的文体活动），课程及活动内容生动、活泼，把靖江城里的中学生也吸引来了。学生们愉快地度过了这个假期。这批学生受到教育，后来不少人陆续参加了革命工作，有的进了苏中公学。

9月14日，苏中三分区青年解放团在靖江弯腰沟召开成立大会，历时6天。大会选举周白帆任总团长，王于畊、赵颖萍等14人为总团委。

10月，王于畊调任三地委妇委副书记，她在惜阴中学的教学工作也戛然而止。

多年之后，王于畊回忆道：

（惜阴中学）所在地典当埭距敌人盘踞的靖江城只八华里[1]，离孤山据点三华里。这是个大村子，学校是个私立初级中学，该埭的刘姓大地主为校董。我任历史、地理课，一星期内四天有课，其余时间，我以探亲访友为名到其他学校，或到约定地点工作。[2]

王于畊到惜阴中学任教时已身怀六甲。1943年11月，她与叶飞将军的第一个孩子叶小楠出生。

1944年春，伪教育局要强行接收惜阴中学，刘明甫不愿意屈从日伪的淫威，遂将惜阴中学关停。

## 三

新中国成立后，王于畊历任福建省妇联副主任，福建省教育厅厅长，北京师范大学第一副校长、党委副书记，中国教育学会副会长。

1990年4月，时任全国人大常委会副委员长的叶飞和妻子王于畊一行人到江苏考察，先后考察了南京、扬州、盐城、海安和黄桥镇，后由靖江南渡长江到苏南，而后又赴福建。此行近两个月。

5月2日，在靖江考察期间，王于畊提出想到当年做青年工作时教书的惜阴中学去看看。由于接待人员对惜阴中学的历史缺乏了解，以学校早已撤并，“谁也弄不清楚哪个学校是当年学校的‘继承人’”为由应付。其实，如果了解这段历史，

---

〔1〕指市里，计量里程的单位，1华里等于500米。

〔2〕王于畊《我在江苏省靖江县做青年工作的回忆》，收录于《靖江革命斗争史·文教专辑（上）》中共靖江县委党史办公室文教组，靖江县文教局教育史编写组编，1984年4月。

完全可以陪同叶飞、王于畊到孤山典当埭故地重游，了却这对革命家夫妇追思烽火岁月的心愿，也为这所早已消失在历史长河中的学校增添一些文化厚重感。

可惜，机会错过，留下遗憾，只有那座孤山，郁郁苍苍，仍伫立在长江边[1]。

三年后，王于畊在北京去世，享年73岁。

---

〔1〕王昊、王纪一《开国上将叶飞》，中央文献出版社，2004年5月，第554—555页。

# 六　革命英才

历史是人类自觉活动的产物。一个地区的历史辉煌最终是通过人物事迹来体现的。

孤山是靖江最早的陆地。由于北大江的几度沧海桑田，孤山地区的早岁风华或被江水卷走，或被沉沙掩埋，但它的人文精神却生生不息，被一代又一代孤山人传承并发扬光大。

1940年8月下旬的一天，新镇市河南小学的操场上人头攒动，每个人脸上都洋溢着喜色。时令已入秋，天气依然炎热，而更为热烈的是现场的气氛。

一件影响靖江历史的大事件正在上演，这一天，靖江县抗日民主政府宣告成立了。

县长是一位身材魁梧、浓眉大眼的青年人，此刻他正在主席台上宣读《靖江县抗日民主政府成立宣言》，而后又宣读了县政府各机构负责人和各区区长名单。宣读完毕，各界代表接着发言，他们纷纷表示热烈拥护抗日民主政权，拥护共产党团结抗日的主张。

会场张贴的成立布告左下方，靖江县抗日民主政府的朱红大印旁边，还有洒脱的欧体毛笔字落款：县长刘万里。

## 一

孤山往东南1.5千米，有一座小村庄，叫典当埭（现属联华村）。这是清末靖江三大乡间典当之一——刘氏典当所在地。刘氏是埭上的大户，清同治年间，刘壎开设典当发家，购置良田数百亩，还开设有碾米、榨油作坊，一时家道进入鼎盛。

刘壎之子刘钟英，字铭圃，号明甫，娶广陵张氏，生有五子一女。刘钟英之长子文澳，字瞻淇，娶西沙元兴庄蔡氏，生有二子一女，长子即刘万里。

刘万里（1914—1953）

刘万里，本名刘荣楫，字用之，以字行。民国三年（1914）出生于典当埭。

刘家办有私塾，民国初年又开办私立学校，但是作为刘家长子长孙，刘万里自小就被送入靖城南门的靖江县立第一高等小学校读书，后又升入靖江县立初级中学。

1932年，刘万里考入中华职业教育社附属的农学团。业余时间，他加入了左翼戏剧家联盟领导的一个剧团，结识了赵丹、金山等著名演员。由于刘万里思想进步，不久，由同学金仲涛、睦知微介绍加入了中国共产党。

1935年，江苏省委组织遭到破坏，金仲涛等不幸被捕，刘万里也已暴露，被迫潜回靖江，从此与组织失去联系。

1937年淞沪抗战爆发后，在沪、苏、锡、常等地读书、做工的靖江人因学校停课、工厂停工、商店停业，纷纷回到靖江，一时之间，靖城抗战气氛浓烈。

当时，刘万里在靖江城西协助叔父刘文澜管理善余昌布厂。他热情地加入宣传抗日的队伍中，四处联络志同道合的青年，成立靖江业余实验话剧团，宣传抗日，还牵头组织青年宣传队，进行街头演说、散发传单、张贴标语等活动，创办抗日小报，刊载中国军民奋勇抗敌的消息，揭露日寇血腥罪行。

1937年12月8日（农历冬月初六），日军竹林部1000余人从九圩、十圩港口登陆，靖江城成为第一座沦陷的苏北县城。

1939年初，根据党中央“挺进苏北，发展华中”的指示，新四军一支队派惠浴宇从江南来到扬州、泰州一带开展党的工作，并建立了中共苏北工委，领导广大军民开辟抗日民主根据地。时任国民党鲁苏皖边区游击总指挥部三纵队八支队长的陈玉生暗地里派人和新四军联系，苏北工委派金求真到陈玉生部担任政治处主任。陈玉生秘密加入中国共产党。

这一年，为了寻找党组织，刘万里与他的连襟刘永青（1932年靖江重建党组织时期的老党员）到泰兴广陵镇一带寻找陈玉生部。陈玉生久闻刘万里的大名，带着警卫员骑马来到广陵镇张文波家与他们见面。一番交谈后，陈玉生盛邀他们留在支队工作。

由此，刘永青因为擅长绘画，到丁家桥支队政治处从事陈部驻地抗日宣传等工作。刘万里因为在靖江各界颇有影响，仍然回靖江开展工作。

1939年9月，刘万里由许家屯、刘永青做介绍人，重新入党。

重回党组织后，刘万里以高涨的革命热情马不停蹄地奔走在靖江的城乡，以其翩翩的风度将当时靖江最优秀的青年人以及爱国士绅团结起来，汇成了一股不可阻遏的抗日洪流。

1940年2月，根据苏北特委指示，中共靖江县工作委员会成立。由吴志敏担任书记，刘永青为宣传部部长，刘万里为统战部部长，莫珊任组织部部长。

靖江县工委以普济庵小学为依托，开展各项工作，为我军东进后创建根据地做了必要的准备。

1940年7月25日，新四军江南指挥部挥戈东进。7月29日凌晨，东进部队全歼何克谦部，攻占黄桥。

新四军进驻黄桥后，首先成立了黄桥军民联合办事处，负责地方行政和战勤工作，随后成立了通如靖泰临时行政委员会（简称“临委会”）。临委会颁布命令，委任陈同生为泰兴县长，惠浴宇为泰县县长，梁灵光为如皋县长，刘万里为靖江县长。刘万里是四位县长中唯一的本地人。

## 二

根据临委会要求，各县务必须在8月下旬建立起抗日民主政府。时间已不足一个月，事情却千头万绪，既要组建县政府各部门，又要建立基层政权。时间紧，任务重，刘万里四处奔走联络。

刘万里在靖江建立的广泛的人脉，这时候发挥了重要的作用。

1940年8月上旬，毗卢乡建起了靖江县第一个抗日民主政府，共产党员丁荫伯任乡长。不久，五区、七区、四区相继建立起抗日民主政府，区长分别由倪浩堂、陈安人、张渤如担任。

刘万里确定的三区区长人选是孤山善缘乡的高继绪。高继绪与刘永青都是靖江重建党组织时的老党员。刘万里携刘永青、梁朱明两次到高继绪家，动员他出山。高继绪犹豫不决，于是刘万里等又陪同他到泰兴霞幕圩，见到新四军挺进纵队七团政治处主任周文在。由周文在与高继绪做了一番谈话，高继绪方答应出任。

这样，在靖江县抗日民主政府成立前，除一区和六区处于日伪势力严密控制之下，暂时不具备建立区政府的条件，其他区都相继组建起班子。

县政府各机构负责人的人选也颇费周折，但是在临委会的支持下，刘万里也很快配齐了班子：财政科科长刘永青、民政科科长刘拜山、保安科科长陆政、司法科科长梁朱明、军事科科长王左平。

对于刘万里为组建靖江抗日民主政府做出的贡献，时任靖江县委组织部的莫珊有中肯的评价：

莫珊《往事感》书影

靖江党员中，年轻知识分子占多数，另一部分是农民，革命热情高昂，但社会声望不高，在短短的日子里要配备好县、区两级政府的工作班子，是组织工作中的难题。刘万里在组建县、区两级政府中发挥了很大作用。他团结了数量众多的与上层关系密切的知识分子。他的家庭是地主，本人参加抗日救亡活动较早，有一定号召力，许多非党人士是在他的影响下来参加抗日民主政府工作的。[1]

1940年8月下旬，靖江抗日民主政府在新镇市宣告成立。也就是在这一天，刘用之正式改名刘万里，这个响亮的、寓意鹏程万里的名字随之传遍靖江城乡。

自刘万里担任县长后，全家就搬出了靖城，跟着他过着朝游夜移的游击生活。他的女儿刘焕回忆说：

> 父亲的工作是紧张而繁忙的。根据上级指示，他要经常和其他领导商讨抗日事宜，建立民主政权，开展统战工作，组织民众，抗击敌伪，有时还亲自率领县大队作战……[2]

靖江抗日民主政府虽然建立了，但在日、伪、顽、匪等多种势力的夹缝中生存，十分不易。

时局波谲云诡，不断地考验着这个新生政权，也考验着刘万里的施政能力与革命意志。

新政权的首要任务是政权建设。

1941年7月，孙异拿着刘万里批的100元开办费与少量武器，用了五六天时间就成立了一区区署与区游击队。由此，基层政权逐渐健全。

靖江群众抗日情绪高涨，村、乡农抗会与青抗会正在建立，武装建设、政权建设取得进展。

靖江沦陷后，城乡教育机构全部解体。1940年11月，四区区长张渤如改任县文教科长，他到任后，立即动员原有教师恢复办学，很快恢复了不少学校，解决了群众迫切关心的子女就学问题。

---

〔1〕莫珊《往事感》，第77页。
〔2〕刘焕《怀念先父刘万里》，收录于《靖江文史资料·第九辑》。

枪杆子里出政权。要想在日、伪、顽、匪的夹缝中生存，拥有一支武装队伍至关重要。早在靖江工委成立之初，刘万里就让国民党七区区队副王锡五出面，搞来十几支枪，在靖西封头坝组织了一支十多人的小型武装。这支武装因规模小，没有番号，不久即被伪保安队缴了械。

靖江抗日民主政府建立之后，县委、县政府从黄桥新四军苏北指挥部领回十多支枪，组建了靖江县警卫队，担负警卫县委和县政府机关的任务。1940年8月底，收编了土匪李志海部，建立了靖江县警卫大队。11月，李志海带枪叛变。12月下旬，刘万里率县政府人员参加了攻打马桥据点的战斗。此役，县警卫大队长朱正之负伤被捕，后牺牲于靖城南门萧家园。

1941年1月6日，发生了震惊中外的皖南事变。同月，日军由泰兴进占黄桥，继而向黄桥以南进逼，发动大规模“扫荡”，斗争形势异常严峻。2月13日，国民党鲁苏皖边区游击副总指挥李长江在泰州公开率部投敌。李长江部陈正才团侵占新镇市、毗卢市，在靖泰边区骚扰，严重威胁靖江西部，隔断了我靖中与靖西的联系。靖江的革命斗争进入了艰难时期。

当时县委书记也在不断更换。

吴志敏调走之后，县委书记由谢克西接任。1941年3月底，苏北区党委指派正在三分区检查工作的苏中区党委委员兼妇女部长章蕴代理靖江县委书记。6月，曾涛接任县委书记。

根据上级指示，在县警卫大队的基础上，建立靖江县警卫团。团长由刘万里兼任，政委由曾涛兼任。副团长为楼子良，7月后由万海峰接任。

万海峰到任后不久，即与政治处主任董铁山一起奔袭靖江城日伪据点，解救出被关押在体育场牢房内的县团干部战士十余人。

## 三

敌人不断下乡“扫荡”，县委、县政府不得不经常转移。后来，日伪要打通靖泰公路，在毗卢市、新丰市、生祠堂、白衣堂筑据点，县委、县政府就不得不分开行动。

县政府白天要和敌人转圈子，晚上要移营，在靖中、靖西之间穿来插去，政府与部队的粮食供应成了问题。刘万里责成粮食局副局长周永康想办法，要求他负责筹措粮食工作。

周永康后来回忆说：

> 由于民主政府有威信，刘万里和我们在群众中，特别是在那些原来的乡保长中颇有影响，工作颇顺利，只要带个口信，粮就会送来。由周永康代县政府写张收据盖上章，交乡保长作为结账凭证。[1]

1942年1月，国民党“忠义救国军”一、四两团由汪浩然率领，窜至靖西。一团在四墩子一带活动，四团则盘踞在正东圩一带。

“忠义救国军”盘踞在靖西，成立了以陈学海为办事处主任的顽政权，进一步恶化我靖西的斗争形势。我武装与政权被迫撤出，靖西区委转入地下状态。靖江县委与县政府的活动空间也被大大压缩，不得不撤至界河沿线机动。

1942年2月，新四军一师一旅发起围歼驻扎在封头坝、恒义庄的“忠义救国军”的战斗。此役由于下雨路滑，道路泥泞，加上靖西河网纵横，大部队难以展开，最终未能达到围歼敌人的目的而撤出战斗。

而此时，被我方收编的羊科武的第一游击大队暗地里派人与“忠义救国军”联系。“忠义救国军”被我新四军痛击后，羊科武又派人与常州国民党张少华部队联系，企图投敌叛变。为此，曾涛、刘万里与县公安局局长顾浩研究，决定快刀斩乱麻，彻底解决羊科武部。

---

〔1〕周永康《靖江县财经战线创始时期的工作概述》，收录于《靖江财经战线革命史料》，韦因奇主编，南京大学出版社，1991年3月，第107页。

一天上午，刘万里写了一封密信，派人送给羊科武，约定在今礼士桥北横港南侧民生村白粉墙埭一富户家中相见，共商抗日策略。羊科武接到信后，不疑有他，带上两名警卫，按时到达白粉墙埭。刘万里站在门前迎接。

时近中午，很快吃饭。羊科武见酒菜丰盛，高兴地说："刘县长，我曾在四墩子西街史中华家戏院看过你们演的抗日戏，真好啊！"刘举杯向羊敬酒说："对，今天就是请你来研究靖江抗日的大事啊！"气氛融洽，二人不断碰杯。

顾浩见羊科武兴趣甚浓，向他敬酒，佯装不慎，"咣当"一声，酒杯落地，趁机掏出短枪，对着羊科武脑袋，高声说："举手投降，缴枪！"两边房间内吃饭的短枪队员举着枪，一拥而上，冲入中间屋内，围住羊科武，将羊科武捆绑后押至蒋家埭我县委驻地秘密审查关押。

第三天下午，县政府在广陵镇西街头界河南岸一块大打谷场上召开公判大会，张贴布告，判处羊科武死刑。

靖江是苏中的门户，大江南北往来的跳板，战略位置十分重要。三地委对靖江的斗争形势十分担心，军政党委员会书记叶飞、地委组织部部长周山先后到靖江检查工作，不久，对靖江县委、县政府主要人员的职务进行了调整，派杨源时任靖江县委书记、张遗任县长。曾涛调任三分区总抗会组织部部长，刘万里调任三分区专署秘书主任，

1943年2月，刘万里因胃病严重，向组织请假，与刘永青一起到上海看病，顺便看望病危中的妻子。由于行程暴露，刘万里在上海治病期间不幸被捕。后三分区责成靖江县委、县政府全力营救，通过铺保，将刘万里、刘永青营救出狱。

狡猾的敌人提的铺保条件是刘万里、刘永青不得再回苏北，因此，刘万里滞留苏南，后依靠在苏州苏纶纺织厂当工程师的叔父刘文渊生活。

在苏州期间，刘万里利用他擅长演戏的特长，组织了金星剧社，演出《雷雨》《日出》《明末遗恨》等进步戏剧，进行革命宣传，因此受到怀疑。1944年，他再一次被敌人逮捕，这一次，他备受酷刑。辣水灌肺，竹刺穿掌，敌人甚至对他使用了硝酸浇背，真是九死一生。但他坚贞不屈，直至抗战胜利前夕方经保释出狱。

1945年8月，刘万里只身前往苏南寻找党组织，在宜兴张渚找到原三地委、三专署领导叶飞、朱克靖。由于斗争形势发生变化，叶飞、朱克靖指示他利用关系，相机“打入顽军内部”，坚持地下斗争。

这样，刘万里在无锡梅村和苏州两地先后筹组启新中学、苏州实用商科职业学校，并担任校长，以此掩护革命活动。其间，他曾为靖江独立团购买枪支弹药，掩护、护送靖江县委宣传部部长张建平。

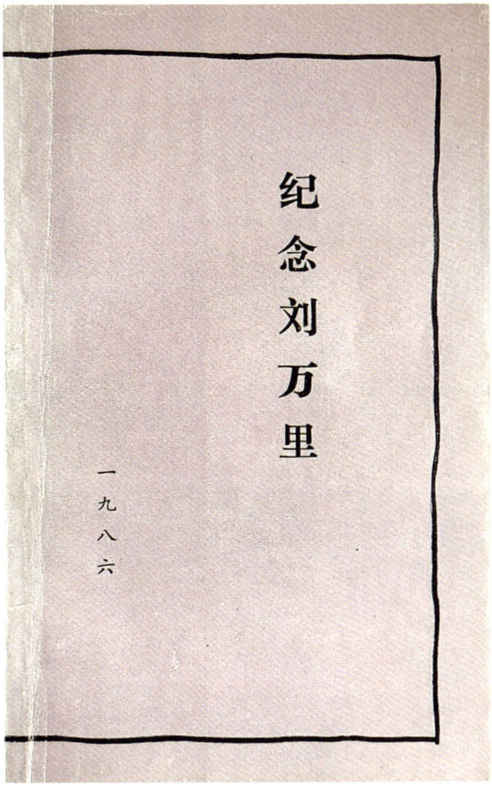

《纪念刘万里》一书封面

1947年夏，刘万里经华中一分区领导同意和支持，组织靖泰突击支队并任支队长，迎接大军渡江。苏州解放时，他与军事管制委员会联系，奉命将该部人才全部集中到常熟整编。此后，他由组织分配，协助苏南行署公安局侦察科开展工作。在1951年镇反运动中，刘万里误遭苏南行署公安局逮捕，于1953年春病故于狱中，时年39岁。

## 四

1986年3月12日，江苏省高级人民法院经复查认定，撤销其原判，宣告刘万里无罪。5月14日，靖江县政府、县政协、县委统战部为刘万里举行了隆重的骨灰安放仪式。

沉冤昭雪，魂归故里。许多当年与刘万里共事的老同志参加了安放仪式。曾担任过靖江抗日民主政府首任司法科长的梁朱明也专程与会，他回忆起与刘万里一起战斗的峥嵘岁月，赋有《忆刘万里同志》一诗，诗曰：

并肩战斗结深情，
席地共眠笑语盈。
新镇府开民气振，
生祠路断敌魂惊。
四墩除害硝烟集，
蒋埭惩凶息讼争。
往昔风云成故事，
不堪回首忆令名。

# 青山忠魂——徐水平与徐公鲁[1]

民国初年，孤山脚下，各姓杂居。有户徐姓人家住在镇北，租赁孤山大户郑氏的商铺做些小生意。他家用东山的风化岩土做成的各种形状的泥玩具是为一绝，成为孤山地区许多孩童抹不去的记忆。

徐家有两个儿子，长子徐公愚，后改名徐水平，生年不详。次子徐公鲁，又名徐慕生，1913年生。兄弟俩自小即进入私塾读书，因为家境清贫，相继辍学，被介绍到江南做学徒。受进步思想影响，兄弟俩都参加了革命，后来相继为此捐躯。

## 一

20世纪上半叶，正是中国历史上最为风云激荡的时期，在江南做学徒的徐水平、徐公鲁兄弟俩先后参加革命，加入了中国共产党。徐水平参加革命时间不详。徐公鲁入党时在1932年。

1937年“七七事变”后，抗日战争全面爆发，兄弟俩一起赴延安陕北公学学习。1938年秋，学习结束，两人被组织派往上海工作。

此时，出没于长江口和东海上的陆祥生武装刚刚投靠张惠芳的“边区民众抗日自卫团”，被编为第四大队（简称“边抗四

---

〔1〕本文主要参考：①《溧阳抗日民主政府的好县长——徐公鲁》，收录于《常州革命英烈》，中共常州市委党史资料征集研究委员会、常州市民政局编，中共党史资料出版社，1990年5月；②刘洪桢、姜华屏：《受人拥戴的好县长——徐公鲁》，收录于《江苏党史资料》，中共江苏省委党史工作委员会、江苏省档案局编，1990年第4期。

大”)。陆祥生与我党取得联系，要求派人加强领导。于是，刚刚到八路军驻沪办报到的徐氏兄弟受上海党组织林枫派遣，来到“边抗四大”，负责思想政治工作和民运工作。其中徐水平任“边抗四大”政训处主任，徐公鲁任政训员。

为了把这支游击队建设成为八路军、新四军式的抗日武装，徐水平处处以身作则，团结同志，积极宣传党的方针政策和人民军队的性质、宗旨，认真贯彻“三大纪律八项注意”，亲自为战士上文化课、政治课，重点讲解《论持久战》等重要文章，努力提高部队的军政素质，坚决贯彻上级指示，大力整顿部队的组织纪律，使部队得到了巩固和发展。

为了宣传抗日、发动群众，徐水平日夜奔波在浦东沿海广大农村，作讲演、出板报、贴标语，努力提高群众的抗日热情。在短期内，就动员了数十名青年农民参军。

作为“边抗四大”的主要领导之一，徐水平不但负责部队的政治教育，还多次指挥部队作战。

1938年11月下旬，“边抗四大”抽调一部分力量组成出海作战队，由蒋厂牧、徐水平统率，攻打横沙岛的伪警察所，一举端掉了这个经常敲诈勒索渔民的伪据点。战斗结束后，召开岛上群众大会，徐水平发表演说，向群众宣传抗日革命道理。而后，蒋厂牧又与徐水平率部队来到崇明岛，袭击了两艘伪军哨船，俘虏全部伪军15人，缴获轻机枪1挺，步枪18支。

1938年12月18日，日军一部“扫荡”至祝桥。徐水平亲自指挥“边抗四大”奔袭，日军被打得抱头鼠窜，“边抗四大”缴获甚丰。战斗结束后，徐水平率政训员张贴标语，鼓舞民众的抗日斗志。《申报》记者采访了徐水平。记者一见徐水平，就称赞他“一望而知为一极有政治头脑之青年军官”[1]。徐水平侃侃而谈，介绍了这场战斗的经过。采访结束后，记者不禁发出了“浦东游击队伟大极了！曙光！曙光！胜利的曙光就在浦东”[2]的强烈心声。

---

〔1〕《浦东游击队一席话》，刊载于《申报》，1938年12月28日第7版。
〔2〕《浦东游击队一席话》，刊载于《申报》，1938年12月28日第7版。

而后，徐水平又参与指挥了南汇县城保卫战、潘家泓伏击战。在潘家泓战斗中，“边抗四大”击毙日军5人（含1名军官），击伤4人，沉重打击了敌人的嚣张气焰，鼓舞了人民与部队的抗日斗志。

1939年5月，在徐水平的协助下，陆祥生枪毙了在“边抗四大”破坏捣乱的特务中队长蔡镛。蔡镛是张惠芳的亲信，张惠芳得悉后，下令通缉徐水平以及派驻在“边抗四大”的进步学生。在上海情报组织的指示下，徐水平等全部撤回上海。

这年夏，为加强宝山小川沙一带的抗日游击工作，“边抗四大”调遣主力集中到宝山。敌人发觉后，从上海、太仓等地出动，分成东、南、西三路并进，向“边抗四大”进攻。经过几天几夜的交战，敌进我退，最后在浏河附近相遇，我军被日军包围。战斗整整打了一天，双方均有重大伤亡。在掩护部队突围时，徐水平、徐公鲁以及中队副张光义来不及撤出，不幸被俘。

1939年7月，党组织在上海通过各种关系设法营救。营救工作主要由张光义的母亲（日本籍）和母舅负责，他们通过日方关系将3人保释了出来。[1]

徐水平被营救出狱后，就从历史记载中消失了，不知道他去了哪里，又有怎样经历与故事，最终结局如何。

## 二

徐公鲁出狱后不久，奉命被调往苏南地区工作。

1941年6月，徐公鲁任中共镇（江）金（坛）县委宣传部部长；1942年5月，任茅东县（原镇江县改名）抗日民主政府县长；1943年10月，任溧阳县副县长；1944年2月，任溧阳县县长。

在溧阳任职的2年，徐公鲁以惊人的毅力和坚强的意志担负着县长的重任，对全县的各项工作，如政权建设、征收公粮、减租减息、财务税收、生产救灾、参军

[1] 李国林主编《枪声激烈——实录抗战中的“边抗四大”》，2019年8月，第58页。

支前、培训干部等，事无巨细，都抓得很紧，成绩明显。

为减轻人民负担，将抗战坚持到底，中共苏皖区党委根据党中央的指示，于1944年3月8日发出《关于开展生产运动的指示》。中共溧阳县委、县政府组织干部、战士开荒、积肥、播种，开展劳动竞赛，筹建各类生产合作社。

徐公鲁负责大生产运动的领导，并坚持亲自参加生产劳动，他所种的山芋、大豆、芝麻等作物，当年就获得了好收成。同时，县里成立了合作总社，下设牛行、盐行、纺织合作社等。其中以纺织合作社规模最大，拥有纺车350台、织布机160台，一年多时间内生产了2400斤纱，织出了近7万尺布和一大批毛巾。这些产出，有效地改善了部队和群众的生活。

为了团结抗日，徐公鲁很重视党的统战工作。安中里的李学书是溧阳有名的大地主。徐公鲁任县长后，有意住在李学书家，和他交朋友。当时收公粮的难度较大，由于徐公鲁统战工作做得好，李学书带头交公粮，带头减租减息，使全县的征粮工作加快了进度。甚至在抗战胜利后，国民党重新统治溧阳时期，李还暗中支持我方留守人员。

1944年6月，有一位女同志住到后周区的开明士绅宋启宏家，弄脏了宋家的被子，不辞而别。宋启宏十分生气，骂了两句，结果就被区大队的干部抓了起来。徐公鲁知道后，立即下令让区长放人，并要求务必做好善后工作。

徐公鲁对干部的培训工作也十分重视。中共溧阳县委在1944年至1945年的两年内，举办过多次党训班，徐公鲁经常去上课、做报告。他的授课深入浅出，引人入胜。他还重视将学习与生产劳动相结合，开展文娱活动。学员们一面学习，一面劳动，高唱革命歌曲，情绪十分高涨。

1945年初和抗战胜利后，在徐公鲁精心组织、发动下，溧阳曾经掀起两次参军高潮，全县有近千人参军。1945年上半年，为支援天目山反顽战役，他又组织数千民工肩挑、车推，将30余万斤粮食和7万尺布匹运往前线，为保证战役取得胜利起到了较大的作用。

## 三

“边抗四大”的战斗经历，不只锻炼了徐公鲁的政治能力，更提升了他的军事素养。在担任溧阳县长期间，徐公鲁十分重视武装斗争，多次指挥战斗，战绩卓著。

1944年6月18日，驻溧阳县玉华山的日伪军三四十人下乡抢粮。当时，徐公鲁率县机关和警卫连住在阴山村。阴山村周围十几里范围内的别桥、土山、玉华山、蚂蚁墩、社头等地都有日伪军据点，而县委书记徐明又不在。在这种情况下，对这股下乡抢粮的日伪军打还是不打，徐公鲁有些难下决心。正好这时新四军十六旅四十六团一个连来阴山村取支前物资。徐公鲁认真分析了形势，当机立断，决心消灭这股敌人。在他的指挥下，战斗了不到一个小时就把敌打垮，俘虏10人，缴获轻机枪一挺、步枪七八支和一批其他军用品，我军战士轻、重伤各1名，以较小损失取得了较大的战果。

驻竹箦桥镇的日伪特工队长王志惠无恶不作，经常带领日伪军下乡“扫荡”抢劫，群众恨之入骨。徐公鲁决定除掉他。

他亲自出面，做通了镇上一位名叫福海（一说名为陈世法）的人的工作，让他想方设法接近王志惠，经常请王吃喝，取得王的信任。1944年7月的一天，福海请王志惠和另一名特工在竹箦西关的神鱼堂吃酒。徐公鲁得到福海传递的消息，当即派县警卫部队短枪班4名战士预先埋伏，在敌人的眼皮底下，冲进了冲鱼堂，一举击毙了这两个作恶多端的日伪特工。

1945年1月13日，日伪军50余人到前马、洙汤一带抢粮。徐明、徐公鲁、赖峰等县委领导经过研究，决定以诱敌深入的战法伏击敌人。最终一举将敌击溃，毙伤敌方11人（内有日军军官1人、士兵7人），俘1人，缴获轻机枪1挺、其他枪支弹药一批，我军仅伤3人。新四军十六旅首长特地来电嘉奖。

徐公鲁谦虚谨慎、平易近人。在开会讨论时，他总是耐心倾听别人的意见，从不抢先表态或武断从事。他对同志极为关心，尤其是对青年同志倍加关怀，从工作、学习到生活，无所不问，遇到困难就主动帮助解决，青年人都喜欢接近他。

一位警卫战士的父亲病故，徐公鲁知道他家住在溧阳黄金山附近，家境贫穷，就主动叫会计安排补助款，并让战士及时将钱送回家。

## 四

由于长期在艰苦环境中紧张工作，徐公鲁到溧阳时，身体已很消瘦。不久，他清秀的面颊上出现了红晕，经常咳嗽，发展到后来，有时还会咯血。到抗日胜利前夕，他的肺病已进入晚期，但他对此全不在意。

在尖锐复杂的对敌斗争中，县机关几乎每天要转移驻地。每次转移，一般要走二三十里，有时要走五六十里。组织上照顾徐公鲁身体不好，给他配备了一匹小毛驴。可是在转移途中，他往往将小毛驴让给病员骑，自己坚持步行。同志们看他身体实在虚弱，都不忍心骑他的小毛驴，他总是微笑着说："不要紧，我走得动。"

每转移到一个新驻地，他总要先了解一下情况，在安排大家休息后，有时还学习到深夜。大家催他睡，他说有失眠症，反正睡不着。由于他有文化，又勤于思考，总是独自起草文件、报告，从来不要秘书代劳。

徐公鲁日夜勤奋工作，达到了忘我的程度，三十多岁了还未有妻室，同志们都为他着急。好心人帮他特色对象，他却说："我身体不好，不能连累别人。况且，肩上的担子这么重，现在怎么能谈这些事呢？"至北撤途中不幸殉难，徐公鲁一直孑然一身。

1945年8月15日，日本宣告投降，伟大的抗日战争以中国人民获取全面胜利宣告结束。为了避免内战，争取和平，28日，毛泽东主席到重庆与国民党谈判。为促进和谈，我党作出重大让步，从1945年9月下旬开始，中国共产党陆续撤出浙江、苏南、皖南等8个解放区。

第一批北撤的部队与地方干部已经于10月上旬撤至苏中地区。徐公鲁因为要留下来做善后工作，所以被安排第二批北撤。至10月14日，善后工作圆满完成后，徐公鲁终于踏上北撤的征途。

1945年10月15日夜，北撤的苏浙军区第四纵队部分指战员与苏南根据地的部分地方干部及民工汇聚到武进县荫沙江边，乘坐“中安号”轮船驶向江北。由于轮船陈旧，人员、物资严重超载，船底漏水，轮船不幸在天星桥西南约两公里的江面沉没，船上包括新四军苏浙军区四纵政委韦一平在内的800多名指战员与地方干部及民工遇难，徐公鲁也是遇难者之一。这便是令人震惊的“中安轮沉船事件”。

后来，徐公鲁的遗体被打捞上来，安葬于溧阳西山陵园。

20世纪80年代，靖江县党史办曾赴孤山进行调查。由于徐氏兄弟俩早年外出从事革命工作，在孤山已无直系亲属，对他们的详情已不得而知。[1]

---

〔1〕1987年11月20日靖江县委党史办公室提供的资料。但据丁浩先生回忆：“孤山镇北街的徐姓人家是有后人的，徐进山与我的祖父同辈，徐怀祥与我的父亲同辈，徐金留与我同辈。徐进山是孤山一带著名的儿科医生，我小时候曾多次听他提及他们徐家的门庭荣耀。”

# 工人领袖——朱俊欣

2009年9月，为迎接新中国成立60周年，上海历史博物馆向市民征集文物。一位市民提供了自己收藏的数张开国大典时拍摄的照片，其中有一张照片，记录的是毛主席与朱总司令在开国大典前夕共同走上天安门城楼的瞬间。照片部分稍有褪色，但无论是神态、动作，都捕捉得相当到位，极其珍贵。

照片的提供者是拍摄者的儿子，而照片的拍摄者就是上海知名的工人运动领袖朱俊欣。当年，他作为参加开国大典的上海工人代表，在与另两位同志在城楼上合影时，刚好捕捉到了这一珍贵的历史瞬间。[1]

朱俊欣是唯一参加开国大典，并站在天安门城楼上的靖江人。

## 一

朱俊欣（1912—1968）

朱俊欣，本姓刘，生于民国元年（1912），孤山镇新联村厦家埭人。俊欣小时候，家中有6亩地，父亲种田兼做裁缝。但因父亲体弱多病，3个姐姐出嫁，弟弟还小，缺少劳力，每年收成微薄，常常以糠菜充饥。俊欣10岁那年，父母硬是凑了点钱送他上学，但因为

〔1〕《60年前，朱俊欣抓拍到毛主席、朱总司令登上城楼前瞬间》，刊载于《劳动报》，2009年9月30日第9版。

供不起学费，只读了半年就辍学了。

1927年秋，靖江建立了党组织。1928年，中共靖江县委成立，下设东沙与西沙区委。厦家埭靠近靖泰界河，是当时西沙区委的主要活动区域。范迪义、朱德勤等人在界河两岸组织游击队，经常袭击地主武装。

16岁那年的一天，俊欣在三姐家玩，看到家里围坐着一群人，好像在商量着什么。他感到新鲜，就向姐姐打听。姐姐见俊欣人虽小，但已挺懂事，就告诉他，这些人是专门打土豪、打坏蛋，替穷人出气的。俊欣越听眼越亮，急着要跟他们走。姐姐拗不过他，就让他跟着参加了队伍的几次活动。

不久，敌人派大部队来"围剿"，队伍不得不撤离了。姐姐、姐夫也匆匆去常州躲蔽，他们前脚刚走，敌人就追到他们家。敌人扑空后，又冲到俊欣家里，将父亲抓去足足关了6个月，让他吃尽了苦头。

虽然只跟着队伍参加了几次活动，但俊欣已朦胧懂得了一些革命道理，而父亲的无辜遭难，更使他愤愤不平。这些都成为他的革命启蒙。

1928年冬，因生活所迫，俊欣离家学习弹棉花。1932年春，经亲戚介绍，俊欣来到上海，在闸北仁和洋伞原料厂当学徒。由于俊欣刻苦耐劳，一户姓朱的人家看中了他，将他招赘为婿。自此，俊欣改姓朱。1935年，俊欣结婚后不久，进入法商电车电灯自来水公司（简称"法电"）机务部新车间做工。

1937年，七七事变爆发，拉开了全面抗战的序幕。淞沪抗战后，上海沦陷，朱俊欣全家迁入租界。不久，妻子分娩生了一个儿子，活泼可爱，但因经济困难，无力抚养，只得忍痛将孩子送掉。为了维持生活，妻子拖着产后虚弱的身子，去纺织厂做工。

1940年9月，"法电"爆发了大罢工，朱俊欣被选入了工人纠察队。当时，妻子已是肺病第三期。为了参加纠察队活动，朱俊欣顾不得家。斗争取得了胜利，到了复工那天，妻子却因病不治去世。俊欣悲痛不已。

在他思想极度苦闷之时，中共地下党员汤国良向他伸出了热情之手，主动同他谈心，引导他从个人遭遇看到国家危难，认识到只有共产党才能救中国。朴素的真理，犹如一泓清泉，汩汩流进了俊欣干涸的心田，让他豁然开朗了。

1940年11月，朱俊欣光荣加入了中国共产党。

朱俊欣入党后进步很快，半年后就当了党小组长。

## 二

随着国际形势的变化，法电资方与日伪达成协议，共同对付法电工人，法电工运进入低潮。机务部原党支部书记许炳庚和朱俊欣的入党介绍人汤国良等人，先后撤离了法电。1943年秋，朱俊欣担任了机务部党支部书记。

遵照党的“勤学、勤业、交朋友”的指示，朱俊欣深入细致地在群众中开展工作。他常以讲故事、拉家常等方式，宣传八路军、新四军英勇抗日的事迹，提高工人的政治觉悟。他还深入职工家中，访贫问苦，广交朋友，一点一滴地积蓄力量，为日后开展大规模群众斗争做准备。

他在机务部发起成立联谊储蓄会，会员每人每月储蓄一天工资，谁有特殊困难，可以借钱不算利息。该会深受群众欢迎，从新车间发展到老车间、自来水车间等部门，会员从7、8人逐步增加到140余人，成为机务部工人斗争的骨干力量。

1945年夏，为了加强法电斗争的统一领导，中共上海工人运动委员会决定成立法电区委，由朱俊欣担任书记。

抗战胜利后，朱俊欣领导法电工人进行了一系列重大斗争。在斗争中，他勇敢顽强，机智灵活，老练沉着，经验丰富，成为法电工人公认的群众领袖，深受群众的爱戴和拥护。

1946年1月，以朱俊欣为首的法电区委发动法电工人，开展了一场轰动全上海市的“大请客”斗争。所谓“大请客”，就是车子照开，但车票不卖，由工人“请客”。这是为冲破国民党禁止市政企业罢工怠工的法令而创造的一种巧妙的斗争方式。法国老板又气又恼，急急忙忙向国民党当局求援。

1946年1月17日清晨，几十名宪兵警察气势汹汹来到法电，在公司四周要道架上机枪。士兵荷枪实弹来回穿巡，恐怖的气氛笼罩着法电。为首的警备部课长陈统尧以谈判为名，将朱俊欣和其他5名工人代表扣押在写字间，威逼朱俊欣马上下令工人复工。朱俊欣怒不可遏，大声地斥责士兵是在“帮法国人压迫工人”。

这时，一辆警备车呼啸而来，端枪的士兵立刻上了刺刀，形势非常危急。法电工人纠察队员为了保护自己的代表，勇敢地冲上前去，把警备车拦住，更有些工人奋不顾身地纵身倒地，横卧车前，用自己的血肉之躯死死堵住车子的去路。与此同时，一批积极分子带领着群众迎着敌人的刺刀，冲向写字间，把代表抢救出来。

由于以朱俊欣为首的法电区委灵活运用斗争策略，充分依靠群众的力量，终于挫败了敌人的镇压计划，“大请客”斗争取得了胜利。

1946年3月，法电工会正式成立，朱俊欣被选为工会理事长，还兼任工会党团书记。他除了领导法电党的工作外，还负责联系法电以外的一些党的关系。5月，朱俊欣主持法电工会理监事会，经与国民党分子的激烈辩论，通过了法电工会参加上海市人民团体联合会的决定。6月，他还带领法电工人参加了“六二三”反

1946年3月24日法商水电公司产业工会第一届理事、监事合影（前排左五为朱俊欣）

内战大游行。

这一切使国民党当局对朱俊欣非常不满。他们即派国民党驻法电工会“指导员”邵子英找朱俊欣谈话，威胁他写悔过书，否则就要逮捕他，还逼着要朱俊欣辞去工会理事长职务。更有国民党分子扬言要解散法电工会，放风说要“用汽车撞死朱俊欣”。

面对国民党施加的强大压力，朱俊欣毫不畏惧。他立即召开群众大会，将国民党对他的威胁公开揭露，激起了群众对国民党的强烈不满和愤慨。群众担心国民党派人暗害他，四五十个积极分子自动组织起来，常有三四人轮流在朱俊欣周围保护他的安全。

## 三

这一年，上海地下党创办的杂志《生活知识》第20期《工人通讯》刊载了过朱俊欣的专访，题作《一个工人领袖的成长——记法电工友朱俊欣》。

文中称他是“二千多工人的领袖”，他的“组织能力也很强，对于工会里一般组织事务的计划、分工、督促和检查，都处理得井井有条”“法电工友开会时，往往意见分歧，秩序混乱；但只要老朱跳到台上去，群众就会静下来听他讲话。这是有道理的，原来老朱是工人出身，他讲的话，任何工友都能明白；而老朱更能顾到群众的情绪，把他们说得很是服帖”。

一个工人领袖的形象呼之欲出。

朱俊欣不但敢于斗争，而且善于斗争。

1946年3月，法电工会要正式成立时，社会局迟迟拖延不批。朱俊欣当机立断，决定“边奏边斩”，一面将成立日期呈文报批，一面就向各界广发请柬，并登报启事，公布成立大会日期，迫使社会局不得不承认既成事实。

在成立大会上，面对国民党的种种刁难，朱俊欣巧妙周旋。有时依靠群众力量，坚决顶回去；有时采取折中办法，将国民党敷衍过去，终于使大会开成一个民主的、团结的、胜利的大会。

1947年5月，朱俊欣组织法电工人举行要求解冻生活费指数的大游行。当游行队伍胜利归来时，朱俊欣为防被国民党找碴和影响市民的交通，果断地说服工人不顾疲劳立即复工。

在领导法电工会的同时，朱俊欣还积极加强同各兄弟工会的联系，以团结互助，反对共同的敌人。

上海六大公用事业工会联谊会是由朱俊欣根据上级党的指示出面倡议，于1945年11月成立的。联谊会在反对国民党统治和捍卫职工利益方面发挥了重大作用。

1946年2月，朱俊欣又出面联络江南造船厂、龙华水泥厂、二区丝织业、棉织业、机器业、卷烟业等单位和行业，组织沪南区工界联谊会，互相交流斗争情况和经验，加强相互之间的团结和支援。

当兄弟单位发动斗争时，朱俊欣总是千方百计地全力支援。

1946年，上海电力公司（简称“上电”）工人发动大罢工。为了支援上电斗争和对国民党施加压力，当市长钱大钧大宴宾客时，朱俊欣按组织决定，领导法电工人将其住宅一带电源临时切断，以示警告。钱得知此系法电工人所为时，害怕事态进一步扩大，在上电工人的坚决斗争下，被迫作出让步。

1946年11月，上海3000多名摊贩为反对迫害，包围黄浦警察局，国民党民警以高压水枪镇压、驱散示威群众。在此紧急关头，朱俊欣果断地决定，派人切断该地区一带水源，有力地支援了摊贩斗争。

为了扩大影响，朱俊欣让法电车辆张贴兄弟单位的标语传单；为了争取舆论支持，他向这些单位介绍进步记者，帮助举行记者招待会，有力地支持了他们的斗争。

因此，朱俊欣不仅是法电工人领袖，也是公用事业系统和上海工人运动中知名的工人领袖。

1947年7月，人民解放军开始战略反攻。国民党政府在前线节节败退，在后方颁布“勘乱”总动员令，加紧对民主力量的迫害，制订了逮捕大批上海工人运动领袖的计划。

1947年9月23日，特务头子陆京士找朱俊欣谈话，恶狠狠地威逼朱俊欣开列法电进步分子名单。朱俊欣不但坚决拒绝，还在群众大会上加以揭露。法电罢工发生后，陆京士又亲自打电话给朱俊欣，要他马上下令复工。朱俊欣坚决地回绝，并说这是群众的一致决议，他个人不能推翻。陆一气之下，把电话都扔掉了。

朱俊欣明知自己已被列入法电黑名单之首，随时有被捕危险，仍不顾个人安危，坚持领导法电工人的斗争，使罢工坚持了7天半，有力地反击了国民党当局镇压工人运动的暴行。

当年的中共上海分局副书记刘长胜指出，这场斗争意义非常重大，打开了上海职工运动的新局面。

## 四

“九二七”大罢工后，朱俊欣因遭通缉撤离法电，先是隐蔽在老西门，后又转移到苏北。

1948年1月，朱俊欣赴香港参加学习班，认真总结法电斗争的经验教训，写出了详细的书面报告。7月，朱俊欣由香港赴哈尔滨参加第六次全国劳动大会，当选为中华全国总工会执行委员和常务委员。12月底，在西柏坡党中央所在地，朱俊欣同其他国民党统治区来的工人代表一起，受到毛泽东、周恩来、刘少奇、朱德等党中央领导同志的亲切接见。

1949年4月21日晚，渡江东集团三野十兵团从朱俊欣的老家靖江扬帆南渡，一举突破国民党的长江防线。当晚，朱俊欣与章乃器、茅盾等人应邀前往北平新华广播电台发表广播演说，响应在巴黎及布拉格召开的世界拥护和平大会，并一致痛斥南京反动政府拒绝国内和平协定的行为。4月22日，《人民日报》刊发了朱俊欣的发言稿。

在上海临近解放的日子里，法电党组织以老工会理事长朱俊欣的名义，刻印了500份给工人的信，传达到达解放区的信息，号召法电工人积极护厂，保证水电不断，交通不停，迎接上海解放。

工人接到信后奔走相告，有的将信贴到电车终点站。“上海很快就要解放，老朱就要回来和大家见面了。”人们兴奋地说，有的激动地流下了眼泪。

# 朱俊欣謝邦定等廣播演說

響應召開世界擁護和平大會

痛斥南京政府拒絕和平協定

朱俊欣

謝邦定

《人民日报》关于朱俊欣的报道

1949年5月，朱俊欣随军南下。他到上海后，先后担任了全国政协委员、华东军政委员会委员、上海市人民政府委员、上海市政协委员、上海总工会副主席、上海失业工人救济委员会副主任等重要职务。

1949年9月23日，《大公报》刊载了谭秉文《朱俊欣是怎样斗争出来的》一文。这篇文章后被新华时事丛刊社辑入《中国人民政治协商会议第一届全体会议代表访问记》。

1949年10月1日，作为上海工人代表，朱俊欣受邀参加了开国大典。这是朱俊欣人生的高光时刻。

1954年，朱俊欣转到建工系统，任建筑工会主席。

1956年秋，周恩来总理视察上海，曾到工地看望建筑工人。朱俊欣在向周总理汇报工作时谈到建筑工人的艰苦情况，周总理最体谅群众的疾苦，当即指示：给每位建筑工人发一件棉背心。建筑工人感谢周总理的关怀，也表示不能忘记自己的工会主席朱俊欣同志。

1964年3月，朱俊卿担任上海市建工局副局长。

1968年6月14日，朱俊欣不幸辞世，享年56岁。

# 将军之路——戴学江[1]

## 一

1930年2月16日，戴学江出生于孤山镇善缘乡（今勤丰村）薄家埭。祖父高士元，从小家贫，20岁入赘戴家，终生务农。祖母戴氏，勤于家务。父亲戴锦纯毕业于无锡师范学校，以教书为业，任过小学校长，为人正直，思想开明，乐于助人，颇受乡邻爱戴。母亲范氏，一生勤俭。夫妇俩共生育7个子女，2个夭折，戴学江为长子。

戴家有薄田4亩，后人口增加，又租种5亩，主要靠种田和戴锦纯的教书收入维持生计。尽管家庭拮据，但戴锦纯坚持让子女读书。1936年，戴学江到大营地小学读书，住在外祖母家。他天资聪颖，加之受父亲影响，学习很勤奋，成绩很好。

戴学江

1937年7月，日本帝国主义发动全面侵华战争。12月，上海、杭州、南京等地相继沦陷。在常州教书的父亲戴锦纯回到家中，把戴学江和邻家的四五个孩子集中起来，在自己家为他们上课。

1940年7月，新四军东进泰兴黄桥地区，

[1] 本文主要参考《中国人民解放军高级将领传·第40卷》，中国人民解放军《中国人民解放军高级将领传》编审委员会、中国中共党史人物研究会《中国人民解放军高级将领传》编撰委员会著，解放军出版社，2013年8月。

创建苏中抗日根据地。这年，在靖江县抗日民主政府的领导下，学校纷纷复课。戴学江重新背起书包，进入姚家殿小学读书。父亲戴锦纯也被聘为孤山区抗日民主政府助理员。

善缘乡经常有新四军活动，这些部队向乡亲们宣传抗日救国道理，实行减租减息政策，还经常教青少年唱革命歌曲。学校成立儿童团，戴学江成了儿童团的活跃分子。1941年夏，戴学江升入小学五年级，到离家五六里路的缪家殿埭上学。母亲给他找来一个小瓦罐，每天在里边放进一把米和几个芋头，让他提着上学，路上再拾些柴火，到中午自己熬稀饭作为午饭。就这样，他早出晚归，一天不辍，坚持到小学毕业。

1942年9月，戴学江考取靖江县立乡村师范学校。这是中共靖江县委开办的为革命培养后备干部的学校。学校设有4个班，有学生200余人，戴学江被分到一班。

由于日伪军占据靖江县城，三天两头出来“扫荡”，师范学校只能在农村流动办学。师生们居无定所，有时借用农舍，有时占用寺庙，一有日伪军出城“扫荡”，就要东躲西藏，有时连饭都吃不上。学校简陋到了极点，学生们除了随身携带的小板凳，连张课桌都没有。就是这样一所学校，却引导戴学江一步步走上了革命道路。

在学校的统一组织下，戴学江经常和同学们一起，到各村挨家挨户宣传抗日道理和减租减息政策，还帮助抗日民主政府发放贷款、收缴公粮，配合新四军和民兵到伪军据点喊话，瓦解伪军。

1945年8月，抗战胜利后，乡村师范学校搬到县城，和原靖江中学合并，编为靖江中学师范专科班。戴学江升入专科班继续学习，并被选为学生会宣传部部长；随后，又被选为靖江县学生联合会候补执行委员。这期间，他回乡参加土改工作。

戴学江根据上级指示，白天到田间地头串联贫苦农民，启发他们倾诉被压迫、被剥削之苦，给他们讲共产党军队一定能打败国民党军队的道理；晚上召开土改

靖江乡师毕业照（前排右三为戴学江）

动员会，和大家一起算地主阶级的剥削账，研究土改的具体方案。

1946年6月，解放战争爆发。国民党军准备向苏中解放区发起进攻。中共靖江县委做出决定，将师范专科班再次转移到乡下办学。8月初，中共靖江县委组织部介绍师范专科班的戴学江和刘汉山、吴士平等人北上，到华中军区测绘队学习。

1946年9月中旬，他们辗转来到苏皖边第一分区。经中共一分区委介绍，他们暂时到江海总公司会计训练队学习。10天后，又被调到江海公学商科学习。又过了不到10天，华中野战军到江海公学选人，学校介绍戴学江等人参军。9月底，戴学江等人来到华中野战军第一师第一旅第一团，正式参军。

## 二

戴学江参军后，被分配到一团政治处宣传教育股文化工作组，主要任务是开展部队的宣传鼓舞工作。

1947年1月2日晚，鲁南战役打响，团首长指派戴学江做战地勤务工作，到民运股组织民工担架队到战场抢救伤员。这是戴学江参军后经历的第一次大兵团运动作战。这次战役，使戴学江第一次经受了血与火的考验。3月初，戴学江调任合编后的华东野战军四纵第十师第二十八团三营七连任文化教员。

5月，四纵参加了围歼国民党整编第七十四师的孟良崮战役。在战斗最激烈时，第二十八团奉命投入战斗，戴学江和战友们冒着枪林弹雨，奋勇向国民党军阵地猛打猛冲。战斗异常激烈，每一阵地均经反复争夺。当他们攻下最后一个山头时，连队已伤亡过半，连长和许多战友都牺牲了。16日，孟良崮战役胜利结束。18日，经连队党支部讨论通过、上级党组织批准，戴学江加入中国共产党。

8月，戴学江调第二十八团二营营部，任文化教员。

9月，戴学江被补选为营部党支部委员。

1948年7月4日，华东野战军在中原野战军一部和两广纵队的配合下，将前来增援的国民党军黄百韬兵团包围在帝邱店地区，随后发起攻击。6日晨，戴学江所在的第二营攻克帝邱店外围阵地孙庄，毙伤大量国民党军。

11月初，戴学江随部队参加淮海战役。第十师第二十八团在攻打大辛庄时，遭遇守军顽抗，戴学江抱着誓死的决心，和战友们英勇拼杀，经过激烈战斗，第十师终于拿下大辛庄，全歼守军。21日晚，戴学江又参加了攻打尤家湖的战斗。战至22日晚，华东野战军全歼国民党军第七兵团。

12月4日，华东野战军将国民党军杜聿明集团包围于陈官庄、青龙集地区。戴学江担负全营阵地宣传鼓舞工作，组织各连文化教员以英雄模范人物的事迹为素材，编写快板、顺口溜、小独幕剧等节目，到阵地进行巡回演出，鼓舞士气。他还组织大家到前沿阵地，用广播喇叭向国民党军喊话，宣读中原、华东人民解放军司令部《敦促杜聿明等投降书》，瓦解国民党军。在政治攻势下，国民党军士兵纷纷投诚。他还经常到连队炊事班，帮助炊事员把包子、馒头、热菜热汤送到前沿阵地。

1949年春，人民解放军实行统一编制，戴学江所在部队被编为第三野战军第二十三军第六十七师第一九九团。3月，第二十三军开赴长江北岸，参加渡江战役。戴学江调任团政治处工作组任副组长。

1949年4月21日夜，渡江战役打响。人民解放军千帆竞发，势不可挡。戴学江随同第五连从七圩港上船，很快到达长江南岸，连夜对溃逃的国民党军展开追击。5月12日，第三野战军主力发起上海战役。团首长指示戴学江回到龙华当管理俘虏的大队长。

1950年4月，第二十三军奉命由杭州开赴浙东，参加舟山群岛战役和浙东地区剿匪作战。11月，戴学江调任第六十七师政治部秘书科秘书。

1952年9月初，第二十三军奉命入朝参战。在部队开往前线的行军途中，戴学江负责搜集部队思想情况、执行群众纪律情况，以及沿途社情民情、敌特活动情况等。师首长要求他每天起草一份报告，上报军政治部。由于美军占有空中优势，不断对志愿军的交通线实施火力封锁，部队只能夜间行动，白天休息。部队宿营后，戴学江忙着收集情况，起草报告，一天下来只能休息3、4个小时。一路上，戴学江不顾疲劳，起草了20余份报告，为上级政治机关及时掌握部队思想动态和敌情、社情提供了依据，得到军、师首长的表扬。

11月初，部队到达朝鲜东海岸，接替第二十军防务。

当时的六十七师政治部主任叫陈民，与戴学江是同乡，是靖江八圩人，他经常带领戴学江对我高地防御作战进行全程跟踪。戴学江守在电话旁，随时同前线保持联系，了解战斗情况，并迅速编印战斗快报，向全师部队宣传战斗中的胜利消息和英雄事迹。战后，戴学江又随陈民到参战分队总结经验，开展评功评奖活动，激励指战员以劣势装备打败美国侵略者的信心。

1955年9月，戴学江任第六十七师第一九九团第三营副政治教导员。10月，被授予大尉军衔。

1957年9月，戴学江调任第二十三军政治部组织处助理员。

1958年3月，戴学江随部队从朝鲜撤军回国。

## 三

回国后，戴学江主抓军基层党支部建设。1959年，他花了近1年的时间，跑遍第二十三军所属3个师100多个连队，对基层党支部建设进行深入调查研究，撰写出1万余字的调查报告《党员情况和党支部情况》。他还参与了《党员教材》和《党支部骨干培训教材》的编写工作。这两本书紧密结合实际而又通俗易懂，成为基层党支部轮训很好的教材。

1964年7月，戴学江升任组织部党务科副科长。

1966年5月，戴学江晋升为科长。

1969年10月，戴学江升任沈阳军区政治部组织部副部长。当月，他奉命带领工作组到某团总结军事训练试点经验。他深入连队指导完善训练方案，改进训练方法，强化训练中的思想政治工作，并经常和连队干部战士一起在训练场上摸爬滚打。训练结束后，工作组向军区上报了试点经验材料，得到军区首长的赞赏，被批准将经验转发全区部队推广。

1970年12月，沈阳军区派出工作组参加某团野营拉练，指定戴学江为工作组组长。在3个多月时间里，工作组以电报形式向军区报送30余份经验材料。拉练结束后，由戴学江主持总结的野营拉练经验被总政治部转发全军。

1978年7月，戴学江被任命为某师政治委员。

1979年8月，沈阳军区为检验和推动部队军事训练，决定对10个师的首长和司令部进行军事考核，戴学江所在师名列其中。3天考核结束，在参考的10个师级机关中，戴学江所在师总评分数名列第一，其中尤以堆制沙盘的成绩最为突出。戴学江个人总评成绩为优。

1980年12月，戴学江晋升为其师所在军政治部主任。

1983年5月，戴学江晋升为军政治委员，并任党委书记。至当年10月，该军有32个改革项目和改革经验，被总部或军区肯定推广，总部和军区先后5次在该军召开经验交流会和现场观摩会。同月，沈阳军区政治部转发军区政治部调查组关于该军党委抓改革的调查报告，并在按语中指出：

(该军)这几年工作比较活跃，富有生气，抓出了一些具有现代化特色的改革项目，涌现了一批有影响的先进典型，体现了锐意进取、勇于开拓的精神。他们的经验可供全区部队学习借鉴。

1985年8月，戴学江调任沈阳军区政治部副主任。

1988年8月，戴学江晋升为沈阳军区政治部主任。9月，他被授予少将军衔。

1990年4月，中央军委任命戴学江为沈阳军区副政治委员。7月，晋升为中将军衔。

1991年4月21日，某师炮兵团组织手榴弹实弹投掷训练时，团参谋长苏宁为保护战友，不幸身负重伤，后牺牲。6月6日，戴学江随同沈阳军区政委宋克达率军区机关联合工作组赶赴苏宁所在师，进一步核实苏宁的事迹，研究苏宁的成长道路，指导部队开展向苏宁学习的活动。其间，戴学江做了大量深入细致的工作，主持了整理苏宁事迹材料的工作。回到军区机关后，戴学江连续召开会议，研究和部署开展学习宣传苏宁的活动。在军区党委的领导下，一场学习苏宁的活动迅速在全区部队开展起来，苏宁成为广大官兵献身现代化国防的楷模。

## 四

1992年11月6日，中共中央总书记、中央军委主席江泽民签署命令，任命戴学江为国防科学技术工业委员会(简称“国防科工委”)政治委员。

戴学江到任后，深入调查研究，认真听取各方面汇报，按照党委常委分工，他决定集中主要精力解决好事关国防科技事业发展的两大问题。一是团以上领导班子平均年龄偏大的问题；二是科技干部“断层”和流失严重的问题。

1993年6月17日，国防科工委党委作出《关于大力选拔培养使用优秀年轻干部的决定》，要求通过2年左右的努力，逐步达到每个军级领导班子中有45岁左右的干部1至2人，师级领导班子中有40岁左右的干部1至2人，团级领导班子中有35岁左右的干部1至2人。

9月18日，戴学江在国防科工委召开所属部队师以上单位党委书记座谈会，他在会上指出："当今世界，高新技术迅猛发展，知识和人才对军队建设的质量，对未来战争的胜负，起着越来越重要的作用。从一定意义上说，人才就是现代化，就是战斗力。"

随后，他从打牢科技干部献身国防科技事业的思想基础、不断提高科技干部的专业技术水平、坚持用政策调动科技干部的积极性、积极解决科技干部的后顾之忧等四个方面出发，对加强科技干部队伍建设问题进行了全面论述。

在戴学江的推动下，国防科工委司令部、政治部、后勤部于11月3日联合制定《关于新形势下进一步加强科技干部队伍建设的措施》。

1994年5月，由戴学江主持制定的《国防科工委干部队伍建设三年规划》（简称《三年规划》），经国防科工委党委常委讨论通过，并作为指导性文件于23日摘要印发各直属单位党委。《三年规划》深入分析干部队伍的现状，明确提出干部队伍建设的指导思想、目标和主要措施，对军师团级领导班子、科技干部队伍、基层干部队伍、机关干部队伍的年龄结构和学历结构，均作出了量化规定。随后，由国防科工委司令部、政治部联合制定的《国防科工委优秀青年科技人才培养工作实施细则》于27日印发部队。

1994年5月30日，江泽民同志签署命令，晋升戴学江为上将军衔。

到1995年上半年，国防科工委调整了13个直属军、师级领导班子和130个团级领导班子，同时确定了179名优秀后备干部。调整后的团以上领导班子平均年龄有所下降，素质明显提高，整体结构趋于合理，核心领导作用普遍增强。在科技干部队伍建设方面，国防科工委为解决科技干部来源、稳定和加速培养等问题所采取的一系列措施也初见成效，不仅从地方院校吸收了一大批大学生入伍，而且有大量年轻科技干部成为科技骨干。

1995年7月26日，戴学江退居二线。

1998年3月，戴学江当选为中国人民政治协商会议第九届全国委员会常务委员会委员。

2003年7月，经中共中央军委批准，戴学江离职休养，并荣获胜利功勋荣誉章。

# 七 院士风华

# 机器人的中国老爸——张启先

20世纪90年代，在北京航空航天大学操场晨练的人群中间，人们经常可以看到一个老人的身影。那敏捷的身姿使人难以相信他已年逾古稀，更不会想到他就是被称为“机器人的中国老爸”的我国空间机构研究的开拓者——张启先先生。

张启先，广陵村人，教授，中国工程院院士，曾任北京航空航天大学机器人研究所名誉所长、全国博士后管委会学科专家组成员、《机械工程学报》编委会主任。

## 一

1925年8月25日，这一天正好是农历的七夕节，张启先出生于孤山镇广陵村。父亲时任小学教员。母亲仅念过3年私塾，经过长期自学，能阅读一些普通书刊。在兄弟姊妹5人中，张启先排行第三。张家家境不算宽裕，长辈们信奉的是“耕读传家久，诗书继世长”，孩子们的朗朗读书声，使小家庭充满着温馨的天伦之乐。

张启先（1925—2002）

张启先7岁时，父亲不幸病故，母亲忍着悲痛，全力操持着日渐困窘的家庭，还要抽出时间督促几个子女读书求学。幼年的张启先由母亲亲自辅导，在广陵小学完成了2年的启蒙教育。14岁时，他直接插班进入位于泰兴安乐桥的私立苏北中学初二年级学习。高一时，受哥哥抗日救国思想的影响，张启先与二哥一道偷偷离家出走，跋涉了数十里，准备报考新四军举办的盐城抗大。

刚刚15岁的他身材羸弱瘦小，母亲实在不放心他在外面奔波，请人四处寻找，在组织及哥哥的动员下，他只好继续回家读书求学。回家后，张启先插班进入季市白衣殿的沪光中学，这是一所由上海迁入的著名私立中学。高三毕业后，张启先在一位表哥的帮助下，从宜兴穿过日本侵略军的封锁线，辗转进入万山怀抱的安徽屯溪，就读于苏浙皖区大学先修班。不到一年，便被保送进厦门大学。

当时，厦门大学已内迁至福建长汀。从屯溪到长汀要翻越绵延浙、赣、闽边界数百里的仙霞岭，他与另两位同学结伴，在崎岖的山岭小道与溪河间跋涉，几乎全靠步行，走了56天，直至1944年的秋天，才赶到厦门大学参加新学期的开学。在厦门大学，张启先选修攻读航空工程系。

1948年7月，张启先在厦门大学航空系毕业，获工学学士学位。毕业后，他留校任教，并在厦门大学迎来了新中国的诞生。

1951年夏，张启先随全国院系调整试点，从厦门大学奉调进京，任教于清华大学航空学院。由于当时基础课教师缺乏，他很快又改为从事机械原理课的教学工作。1952年10月，张启先受组织调派，参加新中国创立的第一所航空高等院校——北京航空学院的组建工作，任机械原理与机械零件教研室副主任助理。

1958年夏，张启先通过了国家选派留学生赴苏联留学的考试。同年冬，由于自修俄语已基本满足留学要求，张启先未经系统化的俄语培训就直接出国，在列宁格勒多科性工学院机械系攻读研究生学位。张启先根据国家的迫切需要，选择受教于该院一位齿轮传动和机构学的著名学者，从事空间连杆机构的研究。良好的功底，加上聪明与勤奋，使他很快便抓住了空间连杆机构原理方面的突破口。经过3年多的努力，他完成了学位论文《用解析法作空间机构的分析与设计》，创造性地发展了空间机构研究的四阶矩阵法，并开创了空间五杆机构的综合设计。导师大喜过望，破格按博士学位规格组织论文评审与答辩。答辩委员会以一次答辩、两次投票的程序，先后通过了授予张启先技术科学副博士和博士两学位的决议。张启先的业绩传为学院的佳话，也成为他腾飞的起点。

1962年，张启先学成回国，任北京航空学院机械原理教研室主任、副教授，后晋升为教授，是我国最早由平面机构转向空间机构研究的开拓者。1961—1964年间，他先后在国内外刊物上发表了8篇空间机构学方面的高水平论文。

张启先以科学工作者的敏锐目光，突破传统机械学的范畴，开始捕捉并寻找学科发展的新的突破口。他根据自己多年研究国际机器人学发展的信息，预见到一个机器人学的研究高潮将在我国兴起，跟踪这一项高新技术，不仅具有重要的理论意义，而且还将促进学科的建设与发展，为我国的四个现代化建设培养大批的高级技术人才。

他利用自己在空间机构学方面的优势，走出校门，举办了全国性的讲习班，又及时发表了有关专著，在全国最早掀起了一阵研究空间机构的热潮，为教研室争得了科研课题与科研经费。

## 二

1978年，张启先成为北京航空学院首批博士生导师，也是当时全国机械学学科仅有的几名博士生导师之一。

1980年，张启先在华南工学院举办了全国性的空间机构系统讲习会，在国内再一次掀起了研究空间机构的学术热潮。

1982年，张启先被全国科协选派执行中美高级学者交流项目，赴美国进行短期讲学和学术交流。访美期间，他参与了美方学校的部分学术研究，还作了3次学术报告，报告中既介绍自己的科研工作，也谈自己在空间机构研究方面的观点和方法，受到了美国学术界的欢迎和重视，被所在学校的机械系系主任评价“像他这样值得称赞的人确实不多”。

1983年和1984年，张启先先后出席第六届国际机器理论及机构学大会和第十四届国际工业机器人年会，宣读了3篇论文。在此2年间，他或本人撰写或与他人合作，在国内外学术刊物上发表了多篇有价值的学术论文，引起了学术界的高度重视。

1984年，张启先的专著《空间机构的分析与综合（上册）》由机械工业出版社出版，对在我国兴起的空间机构研究做出了重要贡献，同时也改变了国际上认为我国在机构理论和空间机构研究领域里长期落后的观念。

1985年，为了加强学科的发展，北京航空学院将分散在全校有关机器人学研究的科研力量进行联合，成立了机器人研究中心，1988年更名为机器人研究所。这是我国最早开展机器人学研究的科研机构之一，张启先先后任中心主任和研究所所长。

机器人研究所成立以来，主要从事机器人理论与技术、机电一体化、机械学与工业自动化方面的教学与科研，在“七五”和“八五”期间，承担了国家重点项目27项，获国家级奖5项，发表学术论文196篇，完成了实验平台7套，培养了一支年轻的科研骨干队伍。

在“七五”期间，研究所被国家教委和计委批准为“机械学”重点学科和“机构学及机器人机构”国家级专业实验室。

在“八五”期间，研究所获得了世界银行的贷款资助，为进一步承担国家重大科研项目奠定了良好的科研基础。

张启先深深懂得，科研工作是否有价值，是否有后劲，是否适合我国经济建设的需要，准确选题是关键。为此，张启先多年来在领导机器人研究所的工作中，经常亲自进行调查研究，搜集各种有关信息，集思广益，亲自选定研究课题并主持领导研究工作。

他主持的“七自由度冗余机器人”和“新型三指九关节灵巧手”两项研究课题，在机器人领域均具有比较高新的特征。

冗余自由度机器人凭借独特的“自运动”能力，具有避奇异、避障碍和克服关节转动限制等灵活的运动性能，它在实际生产中能够完成普通机器人所不能完成的任务，但研制难度之大，使一些研究者望而却步，当时国际上也只有少数几个国家研制出了样机。

张启先率领课题组经过几年的艰苦拼搏，终于在1993年年底完成了“七自由度冗余机器人”样机的研制，并一次通过“863”课题验收和部级鉴定。此项成果不仅在我国处于领先地位，而且在某些方面达到了20世纪80年代末国际先进水平，因而荣获航空工业总公司科技进步二等奖。

1995年，研究所为香港科技大学研制的新型“七自由度机器人”采用交流伺服电机驱动，而且控制系统更为先进可靠。样机在香港科技大学展出后，颇受好评，同时也扩大了北航在香港的影响。

“新型三指九关节灵巧手”是张启先主持的另一项课题。这种“灵巧手”能仿人手，灵巧地对不同形状、不同材质的物质（如鸡蛋等）进行不同力度的抓、持、握、捏，完成各种复杂的精密装配，并进行细微的空间操作，可望在智能装配机器人、医疗护理机器人、高级假肢和拟人机器人的研究开发中发挥重要作用。

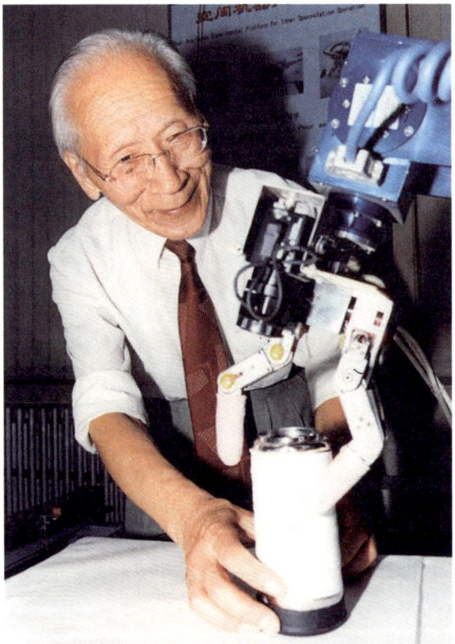

张启先和机器人臂手集成系统

1994年5月，“新型三指灵巧手”初期成果在IEEE国际机器人与自动化大型会议上首次亮相，便获得了国际同行的好评。

1995年初，“新型三指灵巧手”顺利通过专家组验收和航空工业总公司的部级鉴定。同年，两台新型灵巧手带着中国人的骄傲与自豪走出国门，落户于加拿大两所大学的实验室，为北航机器人研究所、也为北航，增添了新的光彩。

## 三

鉴于张启先对我国开展机构学研究和发展机器人技术所做出的重大开拓性贡献，1992年，他被航空航天工业部授予“有突出贡献的专家”称号；1995年当选为中国工程院院士；1996年获光华科技基金一等奖。

在50多年的教育生涯中，张启先桃李满天下、成绩斐然。他的学生中有11位成为博士生导师，3位被聘为“863”专家组成员，还有一些走上了领导岗位。他先后获评了党和国家授予的众多荣誉称号和奖项，除上面提到的之外，还包括北京市劳动模范、航空航天部有突出贡献的专家、国家优秀教学成果奖和光华科技基金一等奖、北京航空航天大学桃李特别奖。

春蚕到死丝方尽，蜡炬成灰泪始干。

2002年5月5日，张启先因病去世，享年76岁。

2005年，《机械工程学报》推出纪念张启先诞辰80周年纪念专栏，此后学报每5年推出一期纪念专栏。

2020年7月，《机械工程学报》推出《机器人机构学》专栏，并发布《继承和弘扬启先精神　共迎机器人机构学明天》的“编者按”，纪念张启先院士诞辰95周年。张启先先生的精神被总结为“献身科学、勤劳一生、宽人律己、爱心永存”。

张启先先生的弟子及后辈们以学术论文的形式缅怀他，希望把他未竟的事业发扬光大，以此作为对先生最好的纪念。

# 情满天山——刘守仁

2023年6月11日，在有“戈壁明珠”之称的石河子市，一家医院内，中国工程院院士、新疆农垦科学院名誉院长刘守仁与世长辞，享年89岁。

刘守仁扎根边疆66年，先后培育出中国细毛羊2个新品种、9个新品系，被称为“军垦细毛羊之父”。他的逝世对绵羊育种事业来说是巨大的损失。

## 一

1934年3月21日，刘守仁出生于孤山镇典当埭，这是石碇港边的一座小村庄，因刘家开设典当行而得名。

刘守仁（1934—2023）

刘守仁的祖父刘明甫是晚清秀才，也是靖江的大地主。刘家崇文重教，刘明甫的几个儿子都接受过高等教育，二子刘沛霖毕业于南京河海工程专门学校，三子刘文浩毕业于南通医学专门学校，四子刘文澜、五子刘文渊毕业于南通大学纺织科。为培养刘氏子弟读书，刘明甫还不惜重金，创办了当时靖江并不多见的学段完整的国民教育学校——惜阴中学。

刘守仁的名字是祖父刘明甫所起。刘明甫对中国传统文化有很深的研究，“爱人利物之谓仁”，他认为要成大事者先要做人，仁爱是做人的根本，也是儒家道德的核心，是故为这个最小的孙子取名守仁。

刘守仁的父亲是刘明甫的幼子刘文渊。刘文渊所毕业的南通大学纺织科是中国民族工业的摇篮，当时上海许多科技人才和实业家都出自这所学校。刘文渊一生致力于民族纺织工业，曾任苏州最有名的苏纶纱厂总工程师、资方代表，苏州市政协委员。

刘守仁的母亲朱淑芳，上过私塾，识文断字。她勤俭、善良，待人宽厚仁慈，是一位非常贤淑的家庭主妇，她把一生的心血都倾注在儿女身上。母亲诚信做人、认真做事、勤俭节约、宽厚善良的品德，在刘守仁幼小的心灵中打下深刻的烙印。

在刘守仁童年的记忆中，父亲常年在外工作，家中里里外外全由母亲操持，日子过得有条不紊。在小镇上，刘家声望颇高，赢得了镇上人的喜欢和尊敬。

祖父非常喜欢刘守仁。刘守仁到读书年龄，祖父亲自安排他到惜阴中学读小学。

祖父常给刘守仁讲鸦片战争等近百年来中国遭受西方列强侵略的历史，小小年纪的刘守仁懂得了救国图强的道理，学习十分刻苦。刘明甫时常捋着胡子对人夸耀说："看，我家守仁这孩子多懂事，将来必成大器。"

刘守仁上到小学三年级，因伪教育局要强行接收惜阴中学，刘明甫遂将学校关停，刘守仁被迫辍学了。

而此时，由于苏纶纱厂被日军强占，刘文渊也不得不回乡避难。家中生活失去经济来源，生活变得困顿。

1945年8月，日本投降后，刘文渊重回苏州苏纶纱厂，继续担任总工程师。他把一家人都接到苏州，一家人总算安顿下来。

搬到苏州后，刘守仁进入离苏州苏纶纺织厂较近的吴县中学读书。因为吴县中学没有小学，只上过小学三年级的刘守仁连跳三级，直接跨入初中一年级的门槛，最终以优异的成绩从吴县高中毕业。

刘守仁念高中时，家乡已经解放。父亲刘文渊已经成为苏州最大纺织企业的领导，并当选为苏州市政协委员。父亲不赞成刘守仁子承父业学纺织，在实业报国思想的影响下，1951年，刘守仁考入浙江大学畜牧系。1952年，国家对高校进行了一次大规模的院系调整，浙江大学畜牧系并入南京农学院，刘守仁便成为南京农学院的学生。

1955年，21岁的刘守仁从南京农学院毕业。大学分配时刻，刘守仁征求父母的意见。母亲希望唯一的儿子留在身边。父亲刘文渊却说："你是学畜牧专业的，留在城市能搞出什么名堂，我看还是哪里草多、牲畜多就去哪里。到新疆去，那里人少草多，水草丰茂，马羊成群，是你建功立业、报效国家的理想去处。"

父亲的一席话，坚定了刘守仁服务大西北的决心。于是他在志愿书上写下："到最艰苦的地方，干最艰苦的工作。"

当年秋天，刘守仁来到新疆生产建设兵团第八师紫泥泉种羊场，成为一名畜牧技术员。

## 二

1955年11月，天山北麓，石河子紫泥泉种羊场。一辆大卡车裹着尘土缓缓停下，一位青年"噌"地跳了下来。单薄的身形，不高的个头，瘦长脸上一双闪亮的眼睛，这是21岁的刘守仁。几个月前，他从母校南京农学院出发，颠簸数十天到了乌鲁木齐，又执意从被分配任教的八一农学院调到这个深山牧场，从此，刘守仁在羊圈里安了家，在天山脚下为绵羊育种事业奉献了一辈子。

20世纪50年代，国家纺织工业部向全国牧区提出攻关课题：能否生产出优质绵羊，决定着我国在世界纺织工业中的地位。

当时的紫泥泉种羊场多数是哈萨克羊，耐严寒、善攀岩，但羊毛产量低、品质差。仅有的几只花高价从苏联引进的阿尔泰羊，虽然体大毛细，但十分娇气，不适应复杂艰苦的山区条件。

面对国家的急迫需要，刘守仁决意开始细羊毛改良攻关实验。

没有实验室，他搜罗来大大小小的空瓶子做容器，自制各种简易工具。最基本的工作——数羊毛测品质，因为没有密度钳、烘箱和天平而成了难事。他自有“笨办法”：用竹片做成1平方厘米的格子扣在羊身上，剪下格子里的毛，拿小镊子一根一根数。每只羊至少得取样4处，每个小格子的羊毛都在5000—10000根，常常数得眼睛酸痛、泪水长流。

刘守仁院士与超细毛羊

最大的考验莫过于接生羊羔。20天内，300多只母羊集中产羔，土棚子里成了血水、胎衣、羊粪的世界，腥膻恶臭。他给羊羔剪脐带、编号码、称体重，给母羊喂水喂食，忙得脚不沾地。

几年下来，刘守仁调查整理了6万多条数据，理清了阿尔泰羊的五代谱系，做了数不清多少次杂交实验。

1957年春日，第一只毛细如丝的杂交羊羔降生在紫泥泉。刘守仁既喜悦又清醒。根据国际经验，培育一个成熟新品种需要几十年甚至上百年。果然，第一批杂交羊羔毛色变杂，出现“返祖”现象；第二批杂交羊羔近四成不幸夭折……一点点摸索，一关关攻克。

1965年，杂交羊羔成活率提升至98%。

1968年，细毛羊亮相北京全国农业展览馆。不久后，农垦部正式将其命名为“军垦细毛羊”，结束了我国没有细毛羊的历史。

为了让自己培育的军垦细毛羊成为世界上叫得响的良种细毛羊，刘守仁又开始尝试杂交育种。60余年间，他先后培育出2个新品种、9个新品系。创立了“血亲级进育种”“品种品系齐育并进”“三级繁育体系”“综合特培”等育种新方法，缩短了科研和育种周期，其科研创新成果在全国范围推广应用，累计向25个省区输送优质种羊32万只，创造经济效益34亿多元。

作为全国绵羊育种的领头人，刘守仁在勤奋工作的同时，仍不忘为绵羊育种事业培养人才、储备力量。因为他知道“独木不成林”，人才队伍才是绵羊育种未来和希望的保证。为了打通牧工子弟继续进修深造的通道，他不厌其烦、耐心细致，多次前往石河子农学院沟通、协商，让一批牧工子弟成为有文化、有知识、有技术的新时代技术员，壮大了绵羊育种队伍。

为了调动农科院广大科技人员的积极性，他大胆改革、勇于创新，牵头制定《关于放活科研机构科研人员的暂行规定》《新疆农垦科学院创收分配办法》等改革创新措施。为了给年轻科技人员搭建研究平台，他牵头组建细胞工程、胚胎工程、体细胞克隆、分子标记等实验室，出资让学生到其他省区市跟随名师读博士。

为了让年轻人尽快成长，他为实验室每个人都量身制订了详细的培养计划，具体到每个月要做什么，需要学习哪些知识，参与哪些实验项目，哪些方面还有待加强……很快，一批年轻的研究人员就可以独当一面。

## 三

自2000年以来，刘守仁先后指导培养博士后1名，硕博研究生25名，研究员9名，带过的学生中有9人享受国务院特殊津贴、获得“有突出贡献专家”称号。

由于贡献突出，刘守仁被业界誉为“中国细毛羊之父”，1999年当选为中国工程院院士。2008年10月29日，获何梁何利基金科学技术创新奖。

常常有人问他，功已成、名已就，做这些图什么？他总是笑着回答：“人不仅为自己而生，也为祖国而活，能够为祖国的事业多贡献点力量，最光荣不过。”

已是耄耋之年，本该安享晚年的刘守仁，仍心系绵羊育种事业，经常到实验室走走转转，了解课题研究情况，提出意见建议，指导实验操作，介绍经验做法。

面对缺乏自主培育的优良肉羊品种这个“卡脖子”问题，他又围绕“从传统育种到分子育种”这一新课题，主持“超细毛及肥羔生物工程高技术产业化”示范工程项目，成功培育出肉用、多胎肉用、超细毛3个新品系羊，极大地丰富了中国美利奴羊的多用性能，在全疆推广，与市场形成了有效对接。

“在这个年纪还能不断思考如何再向前走一步，是十分难得的。”这是所有与刘守仁共事过的人的最大感触。

2018年，刘守仁又描绘了产肉性能好、繁殖率高的肉用绵羊品种“新疆白”的选育图，带领团队不停向前奔跑，不断刷新着我国绵羊育种事业的新成绩。

刘守仁去世后，师从刘守仁近20年的新疆农垦科学院研究员杨华说：“在攻坚的关键节点，刘院士却不幸去世了，但我们会沿着他制订的育种计划和育种技术路线，继续做下去，争取做得更好，不辜负他的期望。”。

# 防控卫士——刘秀梵

2015年9月，在南非召开的第19届世界兽医禽病大会上，我国著名的动物传染病学专家、中国工程院院士刘秀梵入选世界兽医家禽协会荣誉堂，他是目前为止我国获得该荣誉的3名科学家之一。

## 一

刘秀梵，孤山镇常胜村刘家埭人，1941年5月生。刘秀梵是家中的老大，下面还有3个弟弟妹妹。六七岁大的时候，刘秀梵就担起了家中力所能及的农活。

跟着父母下地干活，让刘秀梵很早就体验到了生活的不易，也懂得了人生要靠自己脚踏实地地努力。1957年初中毕业，刘秀梵以优异的成绩顺利考入靖江县中学。

刘秀梵（1941—　）

刘秀梵父母有一个朴素的愿望，就是希望孩子能靠自己的努力，过得比他们好。家庭的贫苦、父母的勉励，让刘秀梵从小就养成了刻苦自律的习惯。

刘秀梵的高中时期，正值“大跃进”，学习之余，体力劳动也增多了。很多课程都要靠自学，劳动结束了虽然累，但刘秀梵看起书来还是津津有味，一些基础知识学得很扎实，功夫不负有心人，有一次考试，数学3门课代数、几何、三角他都考了满分。

1957年，世界上第一颗人造地球卫星由苏联发射成功，刘秀梵听到后激动不已。从那时起，崇尚科学技术、矢志科研报国的理想，就植根在他的心中，并且一生追随。

1960年，刘秀梵从靖江县中学毕业，成绩优异的他立志当一名天体物理学家。填报高考志愿时，他的第一志愿是西安交通大学电机系。班主任认为以他的成绩完全可以填报中国科学技术大学物理系。于是，刘秀梵听从班主任的意见，改填了志愿，但最后录取他的是苏北农学院。

原来，那一年重点大学招生改革，中科大名额只分到各省立中学。而靖江县中学只是一所县中，学生成绩再好，没有名额也上不了。

进入苏北农学院，刘秀梵选择的专业是无线电，不巧的是，大学第二年，无线电专业撤销了，刘秀梵便又改学农机。谁知道，第三年，农机专业也撤销了，刘秀梵不得不第三次作出选择。当时，有农学、畜牧、兽医3个专业可供选择。兽医专业是学校的特色专业，学校里还有一批学术造诣很高的老师。刘秀梵做了很多权衡和思考，他了解到动物健康与人类健康息息相关，更关系到国民经济，便主动选择了兽医专业。

刘秀梵来自农家，选择兽医专业，与他早年的生活经历也不无关系。

在苏北农学院读书期间，每逢节假日，同学们外出踏青欣赏美景，而刘秀梵却自己一个人关在宿舍里，抓紧时间用功，心无旁骛，如饥似渴。大学5年中，有一个学期，他竟然没出过一次校门。

大学期间，他的成绩一直名列前茅，但他并不满足于考试的分数，而是根据自己的兴趣和爱好，努力增长专业知识，培养独立工作能力。

他主动学习外语，收听中央台的对外广播，练习英语听说读能力，到大二期末，他已能轻松阅读专业英文原版教科书了。大三时，他又花了一年的时间自学德语，到大四时，已能顺利阅读本专业的德文科技文献。

1965年，刘秀梵毕业，留校任教。1971年，南京农学院迁至扬州，与苏北农学院合并，定名为江苏农学院。

1980年10月，刘秀梵以全省选拔考试第一的成绩，作为访问学者公派美国留学。他先后到美国密歇根州立大学和美国农业部家禽研究所研修，由此开始了他在畜禽传染病流行病学与发病机理研究领域的攀登和精进。

## 二

刚到美国，帮他办手续的国际交流中心主任看到他的简历，就说“哦，你是学兽医的”，便称他为“Doctor（医生）”，而称其他的访问学者为“Mister（先生）”。

只是这一点点的不同，就让刘秀梵倍感欣喜。原来在国外，兽医是份很受人尊重的职业。

在美留学期间，刘秀梵除了选修与兽医和医学有关的课程外，还进行了鸡马立克氏病的单克隆抗体的研究。这个读起来略显拗口的专业术语，成了刘秀梵大半辈子的科研“羁绊”。当时，他如饥似渴地学习与研究，每天工作12—16小时，周末也不休息。

1982年11月，访学结束，刘秀梵回国。

回国后不到3年，刘秀梵率先将单克隆抗体技术应用于对动物疫病的研究和控制。

他研制的鸡马立克氏病病毒、新城疫病毒、大肠杆菌、沙门氏菌、禽流感病毒等7种病原体不同表位的单克隆抗体有100多种，其中，鸡马立克氏病病毒单克隆抗体已成为国际血清分型的标准试剂。单克隆抗体的研究，不仅填补了国内空白，而且达到了国际同类研究的先进水平。2003年，鸡传染性法氏囊病中等毒力活疫苗成果获国家科技进步二等奖。

近些年，禽流感时不时地成为公众关注和热议的焦点。其实，早在20多年前，刘秀梵就和“禽流感”结下了不解之缘。

1998年，H9N2亚型禽流感突然在全国暴发。上海大江公司是一家集养殖、饲料和食品加工于一体的联合企业，年饲养肉鸡6000万只。该病毒很快传遍公司所有的种鸡场和肉鸡场，损失巨大。公司总经理是江苏农学院的校友，他第一时间联系了刘秀梵的科研团队，刘秀梵在确诊治疗该病的同时，也加快了该亚型禽流感疫苗研究的步伐。

这一年，刘秀梵带领团队在禽流感主要流行地区开展H9N2亚型禽流感流行病学调查，采集了13个省（市）的病毒，进行系统分析鉴定和遗传发生分析，从实验室研究到现场疫情分析，争分夺秒。

有心人，天不负。半年后，刘秀梵团队研制的国内第一个禽流感疫苗（H9亚型）诞生了，并于2002年2月获得生产许可。

此后几年间，疫苗使这种亚型禽流感得到了有效控制，并带来了巨大的经济效益和良好的社会效益。

2005年12年13日下午，中国工程院新当选院士名单在北京揭晓。经过严格评审，全国50名工程科技界专家当选为中国工程院院士，刘秀梵荣列其中。他也因此成为扬州大学第一位拥有自主知识产权的院士。

刘秀梵院士长期奋战在动物传染病学研究最前沿

H5、H7亚型流感病毒曾经引发大众恐慌。刘秀梵认为，暴露人群中，感染H5、H7亚型流感病毒的概率非常低，和季节性流感相比小到甚至可以忽略不计，因此恐慌是完全没必要的；但必须加强对禽流感病毒的监测，以防病毒变异后可能的人传人，引发新的流感疫情。

对高致病性禽流感的控制，不仅在经济上有重要意义，而且还对公共卫生健康等都有重要作用，刘秀梵的团队也一直致力于这方面的研究。

新城疫是严重危害世界养禽业的又一种烈性传染病，该病毒主要危害鸡、珠鸡和火鸡，在被侵袭的鸡群中迅速传播，强毒株可使鸡群全群覆灭。

刘秀梵带领团队历经18年，成功研制出重组新城疫病毒灭活疫苗（A-Ⅶ株）。这是我国第一个拥有自主知识产权的新城疫疫苗，也是国内首个将减少排毒作为疫检质量标准的新城疫疫苗，可同时预防鸡群和鹅群中的新城疫，为我国新城疫防治目标的实现提供了关键技术支撑，同时显著提升了国内该行业的核心竞争力。

该疫苗获国家一类新兽药注册证书。2020年初，这项成果获得国家技术发明奖二等奖。自应用以来，该疫苗累计生产销售75.1亿羽份，在全国31个省份推广应用，为养殖企业增效50多亿元。

和动物打交道这么多年，刘秀梵对健康问题有着独到的看法。在他看来，“大健康”这个概念更值得关注。近年来，世界范围内经常出现由动物病原引起的人类流行病爆发事件。由于长期从事动物病原研究，刘秀梵熟知，70%的人类病原体来源于动物，只有把动物疫病的源头问题控制住了，才能防治人兽共患病。刘秀梵认为：“动物与人，是一个大的生态系统，一个大的公共卫生系统。”

## 三

刘秀梵对工作要求非常严格，对自己有“2个12点”的要求：为了工作，他每天中午12点以后才吃午饭，每天夜晚12点以后才休息。他不仅对自己近乎苛刻，对学生的学习和科研也严格要求。

他常常告诫学生："不但要学会做学问，更要学会做人，做对国家、对社会有贡献的人。"

他对学生外表严肃，内心却是一片慈爱。1999年，他获得大北农科技奖，奖金10万元。他当即拿出5万元，设立了研究生奖助学金，专门用于奖励品学兼优的寒门学生。

2006年，在高致病性禽流感流行期间，为防止实验室工作人员感染，刘秀梵从自己的津贴中拿出6000元钱，给实验室的每位教师和研究生注射了流感疫苗。

从1984年至今，刘秀梵带出了200多名研究生，其中2人获国家杰出青年科学基金，1人成为全国优秀博士论文获得者，1人入选国家"青年千人计划"，还有

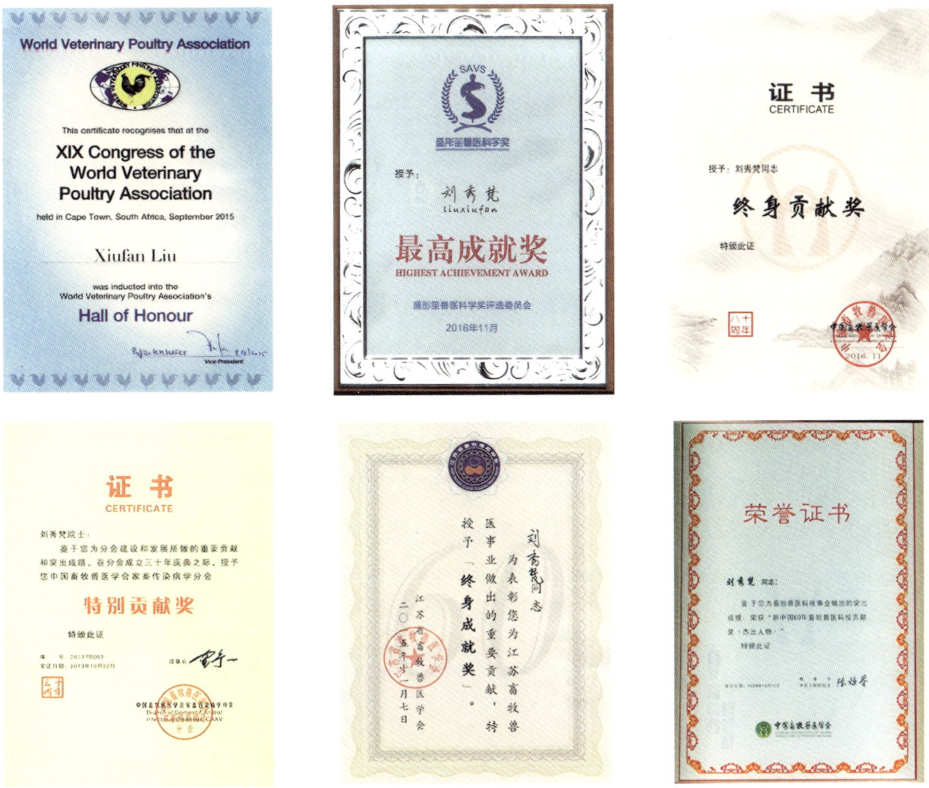


部分获奖证书

很多成了行业佼佼者。

青蓝相继，薪火承续。刘秀梵的言传身教，令他的学生们受益终身。

“十三五”以来，刘秀梵团队共承担省部级以上科研课题150多项，以“第一完成单位”获国家科学技术奖2项、省部级奖项5项，先后有6篇博士论文获评国家和省级优秀博士论文。2018年，刘秀梵团队获评首批“全国高校黄大年式教师团队”。

刘秀梵本人也先后获“全国模范教师”“全国优秀教师”等荣誉称号。他先后担任第八、九、十届全国人大代表，第十一届全国政协委员，就公共卫生体系建设、素质教育、兽医专门人才培养等众多重要议题积极建言献策。2008年，他在汶川大地震后的第一时间为灾后防疫提出了建议，并被作为决策依据采纳。

近年来，埃博拉病毒、登革热病毒、鼠疫等由动物病原引起的人类流行病在全球多地暴发。刘秀梵认为，我们不单要考虑人类的健康，而且要考虑动物的健康，要把生态环境的健康当成整体来对待。

今天，在关涉社会公众健康的事件中，科学家所充当的角色尤为重要。作为国家重点学科预防兽医学学科带头人，刘秀梵曾说：“如果科学家的发声不谨慎，很可能会给社会大众带来恐慌。”

自1965年从苏北农学院兽医专业毕业留校至今，半个多世纪以来，刘秀梵带领科研团队始终挺立在动物传染病学研究的前沿，秉持“同一个世界，同一个健康”的“大健康”理念，溯源探本、精研深究，研制出禽流感（H9亚型）灭活疫苗、新城疫基因Ⅶ型灭活疫苗等多种新型疫苗，获批工业化生产并在全国范围推广应用，产生了极大的经济、社会和生态效益。

# 八 人物荟萃

# 康庄俊彦

靖江城北，从城东大道北尽头右拐，有一条通往王庄村委会的叶王公路，过了王庄村委会，这条路改叫富民路。富民路越过铁路栈道不远，有一座绵延数百米的村庄，叫康庄桥。褚氏是康庄桥的大户，自明代以来一直聚居于此，繁衍生息。褚氏世代以耕读传家，培养出不少优秀人才。

## 一

清代进士褚登即康庄桥人。

褚登，字声倍，又字宣台，嘉庆十五年（1810）举人，道光三年（1823）进士，授翰林院庶吉士。他是科举时代的靖江五大翰林之一。

道光六年（1826）四月，翰林院散馆后，褚登任河北涞水知县。他初理县政，便展现出他的独特风格，即不墨守成规，为了治理，敢于打破常规。

涞水县，位于河北省中部偏西，太行山东麓北端，境内多崇山峻岭。当时有常平仓制度，当粮价低贱时，政府就提价向农民收购粮食，用以储备；当粮价上涨时，政府就减价出售自己储备的粮食，以平抑粮价；发生灾害时，也可用储备的粮食救灾。廿五社是山区，距离县城有二百多里，百姓购粮售粮十分不便。道光九年（1829），褚登呈请在廿五社山后添建店子、河南、蓬头3座义仓。因为常平仓一般建于城内，从无建于乡间之例，褚登此举打破惯例，让百姓“就近拔贮，收放为易”，获得涞水百姓一致称赞。

为此，《涞水县志》曰：

于例不符，于民甚便，且历年亦无以积久累官者，奉行已久，从之可也。唯收放之际，往返逾月，须令妥人经理，更一以籽种出借，免息还仓，则山瘠穷民，普沾实惠矣。[1]

不久，由于父亲去世，褚登回靖守制。及至道光十五年（1835），褚登复出，任福建长乐知县。是年秋，他充任福建乡试同考官。

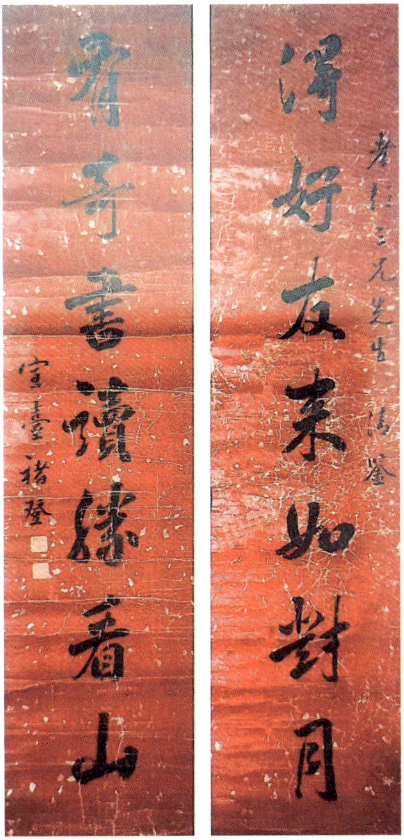


“得好友来如对月，有奇书读胜看山。”褚登墨宝

在长乐任上，褚登干得有声有色。

长乐县十四都有杜母岭，是交通要道，有地痞无赖聚集于此，肆意抢掠，来往行旅之人吓得不敢从此经过。褚登到任后，暗地召集壮丁，于一天半夜发动突袭，将强盗全部抓获，并将强盗巢穴一把火烧光，从此根绝了杜母岭的匪患。

崐石有一个恶霸，绰号“煞神”，欺男霸女，为害一方。历任知县都不敢招惹他，褚登设计将此人抓获，关入大牢，长乐南部一带遂得到安宁。

除了不畏强梁、维护社会治安外，褚登对文化也十分重视。

长乐东隅人施传锜，秀才出身，善水墨

[1]［清］陈杰纂修：《（光绪）涞水县志》，清光绪二十一年（1895）刻本。

画，画的白菜尤其生动有趣。褚登在翰林院时就曾见过他的画，很是欣赏。他到长乐后，特地到施家走访，并向施传锜索取画作，还在画上题跋：“蔬园野趣，笔墨化工。幽人之致，儒者之风。”

道光十七年（1837）三月，褚登调任同安知县。

离任后，长乐人评价他“爱民重士，除暴安良”“盖自杨公以后，称贤令尹者首指屈焉”[1]。所谓杨公，是指嘉庆十二年（1807）的长乐知县杨清轮。意思是说褚登是杨清轮之后最为贤能的长乐知县。

道光二十二年（1842），褚登升任福建海防同知，驻南台。道光二十三年（1843），署漳州知府。一年后因为母亲去世，他再次回乡守制。从此读《礼》家居，不问外事。年六十，卒于家。

## 二

民国时期，康庄桥人褚树信长期担任靖江三区（孤山区）区长。

褚树信，字谨初，毕业于靖城高等小学，曾在黄桥丽黄初级小学任教员、校长，1924年至安徽合肥县立高等小学任教，后因离家太远，辞职回靖担任康庄桥小学校长。1929年8月任国民党靖江三区区长。1937年日寇入侵，避居靖江广陵镇乡间。中华人民共和国成立后，曾任第二至第五届靖江政协委员。

褚树信的弟弟褚树恒，是靖江重建党组织时的老党员，参加革命后改名苏生。

苏生，原名褚树恒，字德初，光绪三十年（1904）生，南通省立第七中学毕业，先由乃兄介绍至丽黄任初级小学教员，转而辞职在城西小学当了8年教员，后升任校长。1930年时，城西小学有160余名学生，教员6人，是当时靖江第一学区师生最多的学校，经常举办运动会、讲演会、音乐戏剧会，各方面活动比较活跃。

自清末以来，靖江一直存在着两个地方派别——东党与西党，他们都是靖江

[1]《（民国）长乐县志》卷二十一《名宦》。

的土豪劣绅，把持着靖江的公私事业，明争暗斗，互相倾轧。苏生目睹靖江人民在东、西党的争斗下饱受压榨与奴役，心里十分苦闷，却又无力改变。

苏生（1904—1997）

1927年春，北伐军来到了靖江，苏生欢欣鼓舞，但不久，蒋介石发动了四一二反革命政变，向共产党举起了屠刀。新成立的国民党组织与靖江东、西两党封建势力相勾结，继续掌控着靖江的政治、经济，对劳苦大众进行剥削与压迫。

1931年11月下旬，靖城人刘述周受党的委派到靖江开辟工作。他到靖城后，在小学教员、社会知识青年和青年学生中组织读书会、文艺研究会、时事座谈会，开展群众性的活动，发现和吸收进步分子。

1932年2月，中共澄靖特别支部成立，首先在城西小学重点进行活动。经过多次教育与考察，苏生被发展为第一个共产党员。多年之后，苏生回忆起入党的那一刻，依然心潮澎湃：

> 1932年2月5日，是我一生中永远也不能忘记的最幸福的一天，正是在这一天里，我被中共江苏省委正式批准加入了伟大、光荣、正确的中国共产党。经过漫长岁月的追求、探索，终于找到了党。

接着，特别支部又发展了城西小学教员王惠畴、知识青年刘永青、褚篑等，苏生发展了城西小学教员吴光让、崔留珍和生祠堂的戴勋等人。

1932年3月，中共靖江县支部成立。根据党的指示，苏生找到国民党县党部常务委员盛翕如，建议创办国民党党报。得到盛翕如首肯后，一份表面打着国民党的名义，实际由我党掌握的《民锋日报》在城东大街鸿兴酒馆后创刊了。苏生担任报纸的总务，刘述周则为报纸的重要撰稿人。这样一张4开的铅印报纸，给古老、封建、闭塞的靖江社会带来了清新的气息，成为我党宣传反帝爱国主张和揭露封建压迫的战斗武器。

这年夏天，针对县教育局压榨、欺侮教师，经常拖欠薪水的现象，地下党组织研究小学教师的生活、思想状况，决定由苏生负责，领导他们开展索薪、加薪斗争。苏生通过反帝大同盟支部的成员个别串联、发动群众，联络县城周围13所小学，发起筹备组织“靖江县小学教员联合会”，苏生被推举为主席。斗争取得了巨大的胜利，《民锋日报》及时地报道了这次斗争，胜利的消息、大字标题的社论，吸引和鼓舞着广大读者。

1932年6月19日，中共靖江县委在瞿家大厅开会，苏生任群运部长。

此后，地下党又组织了三轮车工人反对失业、争生存的斗争。

1932年秋，靖江地下党组织派苏生到上海，向中共江苏省委汇报工作。汇报之后，省委决定将苏生留在上海受训。受训结束后，省委指示苏生返回靖江，担任澄靖特别支部的特派员。由于路费不足，苏生到他外甥供职的刘禄德书店借钱，刚好遇到了从靖江专程来寻找他的刘穆斋。

原来，不久前，城西小学老师仲佩良被捕后叛变，靖江党组织遭受破坏。刘述周一面组织地下党隐蔽与转移，一面通知苏生的哥哥褚树信，并派刘穆斋到上海寻找苏生，通知他不要回靖江，暂时外避。

4月，苏生任江苏省委外巡部干事，此后历任上海市沪东区委组织部长、齐西区委、浦东区委书记。1934年1月，由于内奸告密，苏生不幸被捕。他十分机智，乘敌人不备时毁掉了身上带的证据。在被押送去上海市公安局的途中，经过黄浦江摆渡时又将藏有接头关系和经费收据的鞋子甩进江里。敌人将他囚禁后审讯过5次，他受尽酷刑，昏死过多次，可他视死如归，严守党的秘密，后被以“危害民国罪”判刑6年10个月，关入江苏省第一模范监狱（漕河泾监狱）。在狱中，苏生曾积极参加领导过二次大规模的斗争。1937年6月，苏生被送往苏州反省院。

八一三事变后，经过斗争，苏生被无条件释放。

此后，苏生赴延安，先后担任陕北公学秘书、中央组织部干事、总务处长、统计室主任、松江军区卫生部长、长春军医大学政委、哈尔滨市委组织部长、东北人民政府财政部人事处长、东北财经学院副院长、辽宁大学副校长。1962年11月到1964年1月，苏生任辽宁大学代理校长，后奉调中央监委驻粮食部监察组工作，1980年任中共粮食部党检组顾问（副部级），1982年离休。

## 三

寓居台岛的法学专家褚剑鸿先生也是康庄桥人。

诸剑鸿，字季虹，生于1919年5月。自小生活在康庄桥，家境优渥。其父褚铭勋，北平高等警官学校毕业，曾任赣榆、泰县等地县政府承审员。诸剑鸿在靖江读完初中后，赴上海就读上海市立敬业中学土木科。抗战时期，就读于复旦大学在租界内开设的“补习部”。抗战胜利后，任江苏淮安地方法院推事，后定居台湾。

1994年6月，他受邀到大陆参加关于法学问题的研讨，借此机会，他顺道探访了暌违半个世纪的故乡。此时，他在康庄桥已没有直系亲属，故园也面目全非，不知道他是否能够寻找到当年的痕迹，回味那早已杳如黄鹤的青葱岁月。

在北京期间，褚剑鸿突发奇想，提出想见一见已从粮食部党组纪检组顾问离休的族兄苏生。其实，褚剑鸿比苏生小15岁，他们在靖江时少有交集，但是血浓于水，双方此时都已暮年，机会难再。

在有关部门的安排下，堂兄弟俩见了面，光阴荏苒，两名从康庄桥走出的青年人，踏上了不同的人生之路，双方只能从彼此衰老的面庞上搜寻曾经的影子。两人谈了谈彼此的近况，回忆家乡的风物与亲友。

1997年11月7日，苏生在北京去世，享年94岁。

2006年12月6日，褚剑鸿在台湾去世，享年87岁。

# 一留居士

宣统三年（1911）九月十九日上午十时许，靖江城东门浚化女校门口人头攒动，鞭炮齐鸣，靖江最后一任知县冯璋率教谕、训导、守备等文武官员，在此举行交印仪式，宣告靖江光复。

参加这次活动的皆为靖江一时之精英，在一众长袍马褂的人群中，一个身穿日式制服的年轻人特别惹人注目。此人叫张涤珊，他作为海外留学生的代表，见证了这场永载靖江史册的历史瞬间。[1]

## 一

张援（时为私立南京美术专门学校校董）

光绪八年（1882），张涤珊出生于靖江广陵镇一个富庶的地主家庭。祖承恩，生五子，次子汝谦，即张涤珊之父。汝谦承嗣叔父文辉。文辉娶高氏，无子早卒。

张汝谦（1861—1923），字小山，号益普，曾任靖江县议员，协助办理江苏省及靖江县赈务，是靖江普济堂、清节堂之总董。张汝谦死后，武进人于定一集杜甫诗句作挽联曰：“再使风俗淳，义声纷感谢；不但

〔1〕《靖江光复纪要》，收录于《靖江文史资料·第一辑》。

时人惜，到处潜悲辛。”并称其“敦孝友，好周恤，善解纷，乡时有善人称”。[1]

汝谦娶刘氏，生有三子。长子张援，字涤珊，号亦留，以字行。次子张拯，日本早稻田大学毕业，去世较早。三子张搏，国立东南大学毕业。

光绪二十九年（1903），张涤珊22岁，考入通州民立师范学校。这是由著名的状元实业家张謇先生创办的，中国较早的一所颇有影响的民办师范学校。翌年，张涤珊赴日本留学，就读于弘文书院[2]，开靖江人出国留学之先河。

回国后，张涤珊参与靖江光复的奔走。靖江光复后，张涤珊与靖城刘鲁瑛（莲舫）等一起创办了靖江最早的报纸《骥渚新闻》，后因经费不敷，报纸停办。

1912年11月，江苏省临时议会成立，张涤珊当选为首届省议会议员。此后的1918年第二届、1921年第三届，他连续当选为议员。

1917年4月，张涤珊以省议员的名义发起了对时任靖江县知事蓝光策的弹劾，指斥其“草芥人民、公行贿赂、庇恶遂私、纵差贻害”四大罪状，请求公决即咨省长按法查办。是年底，蓝光策被调任昆山。

此外，在担任省议员期间，张涤珊还参与《江苏省制草案》的拟定，并承担审定工作。

1919年4月15日，张涤珊再赴日本，考察教育。这次行程至5月24日结束，历时40天，归途顺便经过朝鲜。他于是年6月出版了《日鲜旅行记》，由南京共和书局发行。这本书以日记体的方式记述了他在日本和朝鲜的旅行见闻。

考察期间，国内爆发了五四运动，张涤珊闻讯兴奋不已，认为“数年来，民气销沉极矣，得此一击，不啻萌孽之生”。

1920年10月，他与沈恩孚、黄炎培等人联名致电总统府陆军部，要求“苏皖赣巡阅使”李纯将办公地点迁出南京，以免干涉民政。

---

〔1〕《知非集》卷四，华北印书馆，1925年12月。于定一（1875—1932），字瑾怀，曾任江苏省咨议局议员、江苏省自治筹议办参议、江苏省丹徒县（今江苏省镇江市丹徒区）知事。

〔2〕姚永新集辑《苏州留学生名录》（初稿），收录于《苏州文史资料·第15辑》。

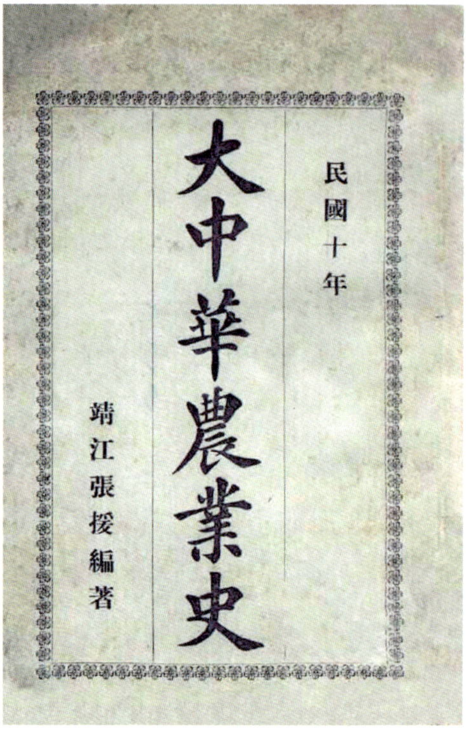


《大中华农业史》封面

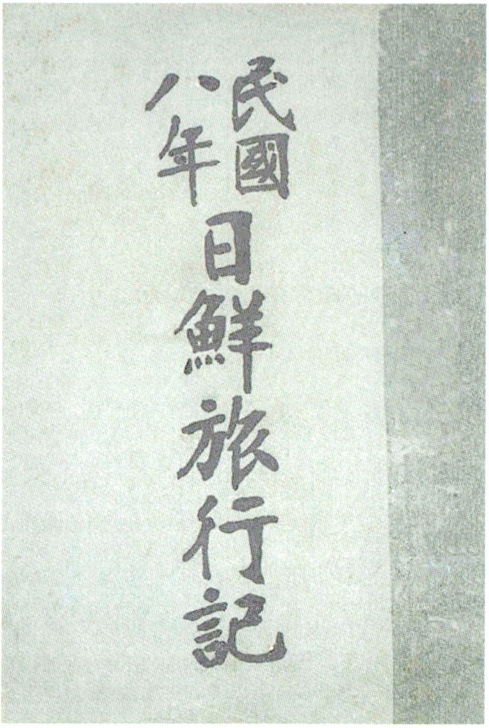


《日鲜旅行记》封面

其时，张涤珊和那个时代许多青年人一样，激进、热忱、充满理想，深盼国家强盛、民族富强。

## 二

1921年，张涤珊代理江苏省第一农业学校校长，他对农业的兴趣始于此。是年，他编著《大中华农业史》一书，“以备农校教科之用”[1]。这是我国最早出版的农史著作之一。8月，该书由上海商务印书馆印刷出版。张謇先生亲自为之作序，

[1]1934年由上海世界出版社再版，改名为《中国农业新史》。2017年，《大中华农业史》由河南人民出版社再版。

另一位作序者是常州人张铁欧，时任江苏省实业厅厅长。

1922年秋，私立南京美术专门学校在南京夫子庙之东金陵闸的江阴会馆开办，张涤珊为校董。

1927年10月，张涤珊又撰著《老农今话》。这本书主要讲述农民生活习俗及传统的耕作方法，并论及农业经营和农工状况等。他在自序中落款：江上老农张援自序于骥园农庆轩。

骥园是1923年前后张涤珊购建于靖城内的一座私家园林。

清末民初国学大师、诗人、散文家金天翮为之作《骥园记》，文中说：

> 有园于靖江城内者，董五亩之宅而环以湟，跨湟为桥门，筑堂于其阳曰尚德。其左辟轩东向，曰农庆之轩，轩之东与其北，皆为场圃。圃阴裒土以为畷而植之梅，又北则为林薮，湟水东北流，有步曰鱼乐矶，其上筑亭，字之曰稼。堂之西，区地为三，杂莳嘉卉美箭，其东南则艺桑与麻焉，圃之名曰骥。[1]

金天翮与张涤珊同为民国江苏省第一届议会议员，时任江苏吴县教育局局长。

1928年9月，张涤珊又辑成《田间诗选》，由商务印书馆发行。这本诗选收录的诗歌上迄汉魏，下迄民国，“凡有关农田之篇什，采辑而类编之”，大约有1400余首，由刘铭和、马君武作序。张涤珊在《绪言》中自承辑这本诗选的初衷，是因为自古诗家关于农人的诗很多，但没有专集，而一些描写农民生活疾苦的诗歌，细读会令人感动，并可以“生出一种救济心，也许因此可收到改正社会的功用”，同时也可让研究农事的人由此对历代农事大约情形有个了解。

在这本书中，张涤珊特地选了一首描写靖江农家的诗，即清代蒋师轼的《靖江道中》：

---

〔1〕金天翮《天放楼文言》。

蜗舍沿流丛树烟，饲牛原上草芊眠。

桔槔处处垂杨岸，一样江南四月天。

其爱乡情切，可见一斑。

## 三

1923年8月，净土宗高僧印光法师受邀赴南京三汊河法云寺弘法。南京各界名流纷纷拜在印光大师门下，其中便有张涤珊。

张涤珊原来号亦留，印光大师赐法号一留。

时张涤珊留任江苏省清理财政委员会审核科科长，在瞻园办公。印光对他说："随地随时，皆可念佛，瞻园固无异祇园。"

此时，张涤珊拜师印光，虽有向佛之心，却并无出世之意。一个证据便是他此后在农学方面花费许多功夫，著作不辍。直至1930年2月，印光大师迁至苏州报国寺闭关，在苏州创办苏州弘化社，张涤珊方辞去一切职务，追随礼佛。

这一年，张涤珊48岁，时任江苏省民政厅视察员。

这样选择的背后，是他对时局的失望，以及他自己的郁郁不得志。

从此，那个热忱报国的张涤珊不见了，苏州佛教界增加了一个多才多艺的一留居士。

1933年，谛闲法师帮助苏州居士创办苏州觉社，由季圣一任社长，张涤珊是其重要成员。1934年，《苏州觉社年刊》创刊，张涤珊是积极的撰稿人，常有诗文登载在年刊上。

1937年5月，黄炎培先生到位于苏州的江苏高等法院看望羁押于此的沈钧儒、章乃器等"七君子"。民国初年，黄炎培先生任江苏省教育司司长时，张涤珊也曾在教育司任职。故人相见，张涤珊有《有赠黄任之先生》：

昔年早破名利关，南北东西任往还。

仆仆原为菩萨行，带观流水带寻山。

抗战期间，张涤珊蛰居姑苏，一心念佛。

抗战胜利后，张涤珊在1946年曾受邀到苏州狮子口监狱宣扬佛法。1947年，他开始写作《佛能》。1948年该书出版后，他还特意致信美国驻中国大使司徒雷登，称“要挽救大暴力的原子能，非发挥大慈力的佛能不可”，其心可悯，其行则近迂。

## 四

1949年8月30日，张涤珊逝世于苏州金太史场。临终前，他自撰念佛偈数首，其一云：

昔来即一丝不挂，今去亦不挂一丝。
了脱要当在一念，一念即念兹在兹。

念毕溘然而逝。数日后火化，骨灰白净，有五彩色的舍利花。

张涤珊一生勤于撰述，早年有《大中华农业史》《日鲜旅行记》《田间诗选》，后来皈依印光大师后，佛教著作很多，如《〈净土宏纲论〉〈西方认识论〉合编》《佛说阿弥陀佛经四要证》《净宗诸祖之教理观》《佛能》等。另辑有《灵岩山志》。

张涤珊擅长诗词，“其诗平易恬淡，似白乐天”。

谢公展《张涤珊菊花诗意图》

张涤珊还是古琴家。他是苏州今虞琴社

的社友，家藏有古琴十余张。1937年，琴社参加吴中文献展览会，张涤珊还将他收藏的一张严天池的古琴贡献出来参展。

他与丹徒人、画家谢公展为好友。1928年，张涤珊的《田间诗选》出版时，谢公展有《瑶台聚八仙》一阕为贺，词曰：

是有心人，田间趣。诗选俊逸清新，采风良法，先求足食斯民。百世欢愁千首现，九州利病一编论。自堪欣，洛阳纸贵，吟遍蓬门。

平生几多抱负，羡守虚若谷，好义如云。触处峥嵘，相忆却感肫诚。卅年游学万里，更从政培才著等身。江乡隐，有野庄宝穑，吾乡为邻。

这阕词概括了张涤珊的前半生，充满抱负，头角峥嵘；游学万里，著作等身。然而这么优秀之人，生不逢时，最终只能“江乡隐”。这首词似乎预卜了他的结局。

# 风落三园——民族乐器制造一代宗师高双庆〔1〕

2008年，在北京奥运开幕式上，五声音律琵琶和唐琴共同奏响《春江花月夜》，在两把古乐器演奏的古曲中，北京奥运会拉开了序幕。

家在靖江城北园区的高占国先生看到这一幕，百感交集。他的父亲高双庆是民族乐器制造的一代宗师，曾经保护过这把琵琶和古琴，这才让今人能够有幸听到这袅袅的太古遗音。

## 一

相传靖江有一条龙脉，八圩至靖城段为龙身，城北真武殿为龙头，潘家井的两口井是龙的眼睛，通往宁界和广陵的两条路分别是两只龙角。人们说，有朝一日龙要眨眼、翻身，靖江就不得安宁，会变成汪洋一片。为镇住这条龙，确保百姓免遭灾害，当地人造了两座观音堂，一座位于真武殿，一座位于潘家井。

高双庆工作照（据中央音乐学院报名照合成）

在这条龙的右角上部有一座村子，叫展家石桥，今天属于孤山镇常胜村。这里地势高，风水好，自古就是靖江的达

〔1〕本文系高占国先生原创，经笔者整理，发表于《昱华》第十四期，收入本书时，笔者又进行了修改。

官贵人们百年之后的首选之地，整个村子都被大户人家的坟园包围着。村庄东南是毛家坟园，2000年后，在这里出土过嘉靖年间的毛志学（号确庵）的墓志，北面是金家坟园，西面是朱家坟园。朱家坟园占地百亩有余，树木繁茂，荫翳蔽日。传说这里常有珍禽异兽出没，特别是一种极似传说中凤凰的雉鸡，红腹金首，浑身锦绣，筑巢其中。

光绪三十一年（1905），展家石桥农户高咬宗家发生了一件奇事，往常只闻其声不见其身的雉鸡，今年却常落于园中高家的院落中、屋脊上，时而欢鸣，时而舞蹈，引得村人争相观看，啧啧称奇。见观赏的人一多，雉鸡就振翅而去，隔天它又飞回高家。

这年，高咬宗的妻子曹氏生下一子，取名双庆。

此时已是清王朝的末期，国家衰亡，时局动荡，列强环伺，狼烟四起，民不聊生。展家石桥因地势高，不能栽秧种稻，只能种旱谷，百姓生活更是困顿。

高双庆天资聪慧，家里觉得他是个读书的苗子，就送到教书先生那读了几年私塾，无奈家底贫薄，无法供应他继续读下去。庄户人家，吃饭要紧，况且高双庆已届舞勺之年，按照村间传统，可以学个手艺，俗话说："荒年饿不死手艺人。"

苏州景德路有一家乐器店，店主周万春，擅长制作笙、簧、管、笛、琵琶、三弦、二胡等各类民族乐器，手艺精湛，闻名大江南北。经人介绍，高双庆被送至周万春乐器店学艺。堂中香烛高烧，掌柜端坐高堂，旁有介绍人为证，高双庆叩头拜师，端茶敬礼，自此，走上制作乐器的艺术之路。

旧社会学徒规矩颇多，徒弟要黎明即起，生火烧水，给师父、师娘做好早饭，再打扫店内外卫生；晚上收工，收拾工具，摆放停当，整理作场，井然有序之后才能躺到案板上铺被睡觉。由于年纪尚幼，过度辛劳，高双庆在周万春乐器店待了一年不幸得病，只得返回老家治疗。后来经过慢慢调理，高双庆康复了，又重返苏州随师学艺。

高双庆心灵手巧，很快就掌握了师父的制乐器本领，各类传统乐器，他都能够熟练制作。他天生乐感极佳，点笙排品，扬琴调音，到他手上，精准无误，恰到好处。有人说，周万春乐器店的双庆小先生有神仙耳。从此，师父就将店前经营、接待音乐琴师等工作全部交给高双庆，满师后还强留他在店里工作了好久。

## 二

16岁那年，高双庆辞别师父，以一手制作乐器的手艺闯荡于沪宁苏锡常一带。

在无锡时，雷尊殿道观的道士经常请高双庆修理、制作乐器，高双庆常在道观留宿、吃饭，一来二去便与雷尊殿的当家道士阿炳混得透熟。这位阿炳就是后来以《二泉映月》名留中国音乐史的瞎子阿炳，本名华彦钧。

高双庆与阿炳十分投缘，空余时常在一起拉些曲儿。当时，高双庆经常往来于上海与无锡之间，为了生存，他有时顺带做些生意，在上海收些废铜废铁，用帆布袋装着带到无锡去卖，从前叫收旧货。这个帆布袋高家一直使用至20世纪70年代，家里一直把它叫作铜袋子。

有一次，高双庆背着大绿色帆布袋，装着上海收来的旧货，坐敞篷火车回无锡，途中目睹有人从火车掉入轨道被碾压致死；又见日军在铁道旁暴打运货劳工，那些可怜的工人被打得奄奄一息，却无人敢上前劝阻。高双庆目睹这一切，悲伤万分。他回到无锡后，借住雷尊殿时，常和阿炳聊这些见闻。阿炳默记于心，便以评弹形式在澡堂、书场、茶馆说唱，讨些赏钱。

阿炳弹的是高双庆所制琵琶，说的是高双庆讲述的故事。

抗日战争时期，阿炳常在沿街拉唱，高双庆则背着做好的乐器，沿街边拉边卖。两人经常在街上碰头，便结伴同行。一次被在无锡的靖江人看见，这人回靖江后就说看见高双庆在无锡“跑旱船”。跑旱船就是讨饭的别称。其实战争年代，时局混乱，手艺人居无定所，就是这样讨生活的。

国立音乐院教授曹安和是无锡人，20世纪40年代，她每次回家总要去雷尊殿，与阿炳及高双庆聚在一起，吃饭聊天。曹安和与高双庆同庚，属蛇，两人谈得很是投机。

曹安和（1905—2004）
（图中琵琶即为1950年借给阿炳录音的琵琶）

一年，曹安和从重庆回到江南，在无锡度假时，相中一块纹理较好的红木旧料，请高双庆做一把琵琶。高双庆对着这一块旧料，经过半个月的打磨，终于完成所托，弹奏、音准、音色都极好。这把琵琶陪伴曹安和终生，她用这把琵琶教出的学生许多都成了新中国的音乐名家。

1950年9月，时任中央音乐学院教授的曹安和与杨荫浏到无锡采风，为阿炳录制乐曲。阿炳除了用二胡演奏了著名的《二泉映月》《听松》《寒春风曲》外，还被曹安和邀请用这把琵琶弹演了《大浪淘沙》《龙船》《昭君出塞》。这六首乐曲已经成为中国民族音乐之经典。

后来，曹安和年事已高，遂将这把琵琶转赠给学生陈泽民。陈泽民曾用这把琵琶演奏《青莲乐府》，声音品质自然上乘，让人欣赏到千年之前的丝弦声韵。如今，这把琵琶被陈泽民捐给了无锡雷尊殿阿炳纪念馆，向人们默默诉说着这位杰出的民间音乐家与高双庆及曹安和的一段艺坛往事。

## 三

1946年夏，国立音乐院随国民政府从重庆还都南京。为了庆祝抗战胜利，国立音乐院准备编排文艺节目公演，公演急需大量乐器，时任院长的吴伯超先生慕名找到高双庆，请他到南京帮助修理、制造乐器。

吴伯超（1903—1949），江苏武进人，近代著名作曲家、音乐教育家。

当时的国立音乐院条件并不宽裕，学校经费紧缺。师生们自行设法到社会各处寻找，或买些旧的、坏的红木家具给高双庆，再请他制成二胡、琵琶之类的乐器。

高双庆在南京时，音乐院的师生对他的生活与工作都格外关心，所以高双庆为他们制作乐器也格外用心。他制作的乐器，无论做工还是音色都获得民乐界的一致称赞。

2年后，国立音乐院的活也做得差不多了，高双庆决定到上海发展。

他乘轮船来到上海，落脚姚永兴乐器店当客师。后来，他拾得一些旧木料、帆布，在上海城隍庙附近的果育堂街找了一块被飞机轰炸后留下的空地，搭建起一座棚屋，就此安身。

1949年5月，上海解放，共产党接管城市，开始立门户，设门牌，高双庆的小棚屋也有了房产证、房屋基地权证，就此落根上海滩。

上海解放初期，上海军管会组织文艺宣传队到处演出，宣传党的政策。因为演出任务繁重，乐器也供不应求。于是，高双庆在复兴东路果育堂街127号自立门户，店号"高顺兴乐器社"。由于高双庆制作的乐器质量过硬，成了上海民乐制作界响当当的金字招牌。上海永相思、大兴等三大公司的大宗乐器，凡钤有"高顺兴"印记的免检。

几年后，各店联合成立生产合作社。参加的都是当时在上海滩较有名气的乐器社，如范之初、徐振高、张扣宝等。在合作社中，高双庆负责为各社组乐器的成品定音。

由于乐器店生意火红，天天有忙不完的活，高双庆先是收了一个徒弟叫沈汉春，帮着做手工活，后来又将长子高占春带至上海学徒。高占国2岁那年，被从靖江接到上海与父母一起生活，自此全家老小在上海店中安身。

后来公私合营，高顺兴乐器社合并入上海民族乐器一厂。

## 四

1950年，中央音乐学院在天津成立。1957年10月，高双庆经吴景略引荐，被中央音乐学院招收，从事乐器的修理工作。

吴景略（1907—1987），江苏常熟人，高双庆的挚友，近现代著名古琴演奏家。1956年受聘中央音乐学院。

1958年，中央音乐学院迁入北京，坐落在北京西城区复兴门原清醇王府旧址，也是光绪皇帝出生之地。1964年，中央音乐学院分为民乐和西乐二院。西乐仍名中央音乐学院。民乐迁至恭王府，校名中国音乐学院。校长先是安波，后由马可接任。

北京城中这两所音乐学院，汇聚了20世纪20年代至40年代的各具特色的几所高等音乐院系的人才，而出身民间艺人的只有林石成、高双庆两人。

林石成先生本是民间一中医，后弃医从艺，拜一姓陈的乐师学习琵琶弹奏。这位陈先生早年在上海、浙江一带卖艺为生，一个偶然的机缘，被光绪皇帝之父醇郡王爱新觉罗·奕譞看中，请进王府教弹琵琶。陈先生告老回乡前，醇郡王将自己弹奏的一把琵琶送给了他。后来，陈先生将此琵琶传给弟子林石成。

这把琵琶因光绪皇帝曾弹奏过，有“天下第一琵琶”之誉。

“文革”中，此物酿起祸端，有人说此是光绪皇帝所用之物，是“封、资、修”，要没收砸毁，并揪斗林石成。高双庆得到消息，悄悄通知林石成。当夜，林石成向高双庆借了盘缠，带上这把琵琶悄然回了上海。林石成去世后，将这把琵琶传给其子林嘉庆。

“文革”中，吴景略先生受到冲击，离校回常熟。当时，中央音乐学院有两张从上海征调来的南唐古琴，随时面临被毁的厄运。吴先生私下将两张古琴从中央音乐学院转移出来，转移至高双庆所在的中国音乐学院乐器修理工作室，密藏在恭王府进门东四间朝西的二间屋内。

就这样，两人冒生死风险，保住了这两张无价之宝的千年文物。

1969年，高双庆赴上海中山医院治病。吴景略先生得知后，密派其长女去探望，由于特殊年代，其长女与高双庆见面后不提任何关于父亲的情况，但高双庆知道其女能来，吴先生必定也平安无恙，心中甚是宽慰。

1970年7月14日，高双庆病逝于老家靖江，终年65岁。

作为民族乐器制造的一代宗师，高双庆的音准概念和音乐感觉之好是不多见的。在长期的乐器制作生涯中，高双庆有许多改良创新，丰富了传统乐器的音乐表现力。他将十三弦日本筝改制成十六弦筝，较早提出扩大古筝音域的设想，并精心改良琵琶缚弦（复手）式样。

高双庆虽已仙逝，但他教出的学生高占春、沈汉春、田祝延、陈仲、刘健健及其再传弟子王艳荀等人，已经成为中国传统乐器制作的新的传人。

# 讲经名师[1]

2020年6月13日，为纪念第15个文化和自然遗产日，靖江市文化旅游局举行“纪念张东海先生从事宝卷讲唱55周年暨《粉妆楼》新书发布仪式”。

但是，就在活动举办的前两天，6月11日，张东海先生不幸辞世！先生留下的发言稿中有如下一段：

> 《粉汝楼》的出版（使）我梦想成真，祖孙三代讲经，使我看到了传承的希望。讲经是我的饭碗，宝卷是我生命的灵魂。生命不止，传承不息。

这或许可以看作是张东海对宝卷事业的深情告白与遗言。仪式如期举行，隆重而肃穆，独缺主角，不禁令人怅然若失。

## 一

自明代以来，一种由唐代变文和宋代说经演化而成的佛教俗讲传入靖江，被称为讲经。讲经的文本称之为宝卷。讲经糅合了大量的民间传说、民歌、民谣和社会风俗，成为一种民间文学形式，在靖江老岸地区曾经风靡一时。

老岸地区的许多村落，男女老少都喜欢听讲经。无论穷富，

---

〔1〕本文原作者为黄靖先生，收入本书时，笔者作了增删。

不管是乔迁、生子、祝寿等喜事，还是祈福禳灾，乡亲们首先想到的便是做会讲经。一家做会，左邻右舍主动帮忙，前后左右几个埭的人赶来听经。旧时，讲经是村夫农妇最好的文化共享，宝卷里的故事和人物，常常成为田间地头津津乐道的话题。

宝卷在大多数地区已经衰亡，靖江讲经却还保持着生命力，靖江宝卷因而被专家学者们誉为中国俗文学的“活化石”。

2007年1月，靖江市被中国民间文艺家协会命名为“中国宝卷文化传承之乡”。2008年6月，靖江宝卷被列入国家级非物质文化遗产保护名录，这也是迄今为止，靖江唯一的国家级非物质文化遗产。

做会的执事和讲经的艺人被称为“佛头”，他们像乡间的手艺人一样，凭技艺赚钱吃饭，亦农亦艺。张东海就是佛头中的佼佼者，2018年当选第五批国家级非物质文化遗产传承人。

张东海，1947年生，孤山镇城北园区王庄村王店桥人。

张东海的童年文化启蒙便是听讲经。启蒙老师不仅有佛头，还有他的父亲张顺风。

张顺风只有小学文化，但头脑灵活，曾任孤山中心站总账会计、副站长，是那个时代让人敬畏的公社干部。而更让人钦佩的是，他一天佛头都没做过，却能有腔有调地讲经。他能讲圣卷《三茅宝卷》《大圣宝卷》《香山观世音宝卷》《梓潼宝卷》《土地宝卷》《李青宝卷》《十王宝卷》。只因“官”职在身，从未入行，偶尔逮着机会，客串过把瘾。

父亲是张东海的偶像。耳濡目染，父亲的业余爱好给张东海留下刻骨铭心的记忆，影响其一生。

稍稍懂事后，张东海就前埭后埭赶经堂，一听就是一整夜。张东海听到讲经的调口就舒服，有时还情不自禁地跟着哼。听着、哼着，陶醉其间，听一遍就能八九不离十地记住主要的情节，而且能模仿佛头绘声绘色地讲述宝卷故事。12岁时，他就能将草卷《十把穿金扇》《六明珠》《薛刚反唐》当故事讲，生产队开会前，有时队长会说:“东海,来一段。”

1967年,20岁的张东海拜邻村的佛头钟茂堂为师,学讲圣卷。师傅给他《大圣宝卷》《香山观世音宝卷》及《三茅宝卷》片段的手抄本让他回去抄卷。他白天上工,晚上用毛笔工工整整地抄卷,每天都抄到深夜,辛苦得流鼻血。买不到铃具、木鱼,父亲用木头雕成木鱼,同时找来一只自行车铃,上头打一洞,拧上一根长螺丝,下面系一剪断的铁钉,摇起来还蛮像那回事。

## 二

在社会大舞台中,张东海扮演过农民、国企季节工和乡镇企业的工人、技师、销售员,而最终他在而立之年,将自己的角色定位为讲经的佛头。这一年是1977年。

靖江讲经有所谓“文台面”“武台面”之分。

所谓“文台面”,是传统的老派佛头,重道白、唱腔,轻表演,往往端坐经台,两眼微闭,自顾抑扬顿挫地讲唱。“武台面”既重讲唱,又重表演。季市人袁戈生(1937—1998)是“武台面”的开创者,他一改传统风格,讲经时目光炯炯,眉毛、眼睛都会说话,深得听众青睐,平生授徒十多名,大多扬名邑内。

经钟茂堂的介绍,张东海又拜在袁戈生门下,学习“武台面”。

学佛头无非是“听”“记”“悟”。张东海本来就有丰富的人生阅历,加之是带艺投师,因而对上述这三个字的把握和运用亦非一般新手可比。比如“听”和“记”,年轻的小佛头往往专注于人物、情节、套路,而张东海更留心师傅的出彩处。至于“悟”,融入独特的人生经验,更是胜人一筹。

一开始,袁戈生按常规安排张东海讲草卷片段,后来让他在白天成册地讲圣卷。师傅领进门,修行在个人。张东海的进步,袁戈生比谁都清楚,都高兴。9个月后,袁戈生便以种种托词不登台,让张东海唱主角。袁戈生虽然不出场,却常在暗中“听壁脚”(在经堂隔壁房里听经)。

旧时手艺人都有“留后手”的习惯，即拿手绝活一般不传给弟子，而是留待最后传给后任掌门人。讲经是台面上的活儿，绝活往往体现为个性化的讲唱技艺和表演风格。同时，每个佛头肚里都有几种压箱底的经典卷目，轻易不讲、不传。袁戈生也是如此。

张东海心知肚明，表面上装得没事儿似的，心想：“既然学不到新东西，不如满师吧！”

又过了4个月，他主动提出满师。袁戈生对张东海做了一番考核后，语重心长地说：“我最后再送你一句话，‘做交易’不论钱多钱少，衬钱少收点，讲要出劲点。”又特别关照：“十分本事留三分，空点饭给旁人吃吃。”

就这样，带着师傅的殷殷嘱咐，张东海结束了1年零3个月的学徒生涯。

别的小佛头满师后，大多要跟师傅后面再做一年半载，有的甚至一辈子都给人打下手，张东海一出师便拉了一两个佛头，自行组档。

搭档有了，经堂得自己找。说来也巧，离王店桥不远的关帝殿，有户人家要做会，主家认识张东海，听他讲过经，印象极佳。于是请他连做两天两夜。

正是盛夏，酷暑难当，张东海使出浑身解数，白天讲圣卷，晚上讲草卷《薛刚反唐》。《薛刚反唐》得自袁先生的真传。张东海越讲越有劲，干脆赤膊上阵。听的人实在多，最后经台从堂屋搬到晒场上。就这样，张东海头回亮相，一炮而红。

随着张东海的名气愈来愈大，有头有脸的人家纷纷慕名来请。一个初出道的佛头如此广受欢迎，势必引起同行的妒忌。

一次散会之后，几个老佛头将张东海堵在路上。

张东海毫不客气地说：“依我来看，你们还不会讲经。”

几个佛头岂肯服气，捋衣卷袖，要向张东海讨个说法。

张东海不紧不慢地说：“比方讲《大圣宝卷》，员外与宦氏一段，一会儿哭，一会儿笑，得带表情讲唱：说哭，眼泪真掉下来；说笑，脸上眉开眼笑。讲到哭，大家陪你哭；讲到笑，大家陪你笑——才算成功。我不妨先献个丑。”

说罢，张东海当场表演，果然说哭就哭，说笑就笑。

表演结束，张东海说："你们哪位也表演一下，让我见识见识。"

几位老先生面面相觑，自感无此本事，最后讪讪走开。

自此，张东海声名鹊起，经堂遍布老岸地区，江湖地位日益巩固。

## 三

张东海认为，佛头要爱憎分明，善于用情感和技艺感染、调动听众。喜，要让听众拍手跺脚开怀大笑；悲，要让听众唏嘘落泪。不论白天黑夜、圣卷草卷，经堂里自始至终要有潮涨潮落，而不能是一潭死水，更不能嘈杂纷乱。

一段时期内，许多听众欣赏张东海洪亮浑厚的嗓音，说是"要得喉咙大，去找张东海"。张东海也以为这便是自己的艺术特色，只要开讲，便尽可能放开喉咙，有时嗓子哑了，也不敢降低调门，怕对不起听众。

一日，有位朋友替他全场录音，张东海将磁带拿回来自我欣赏，谁知愈听愈不

张东海在讲经

对劲。这直着喉咙嚷，哪是讲经，分明是打号子。于是，他潜心琢磨、体味，力求做到刚柔相济、抑扬顿挫，让自己的声音高低符合故事的情景和主人公的情感，高声犹如惊雷滚，低诉恰似洞箫吟。

在努力总结自身艺术实践的同时，张东海也注重从前辈艺人身上汲取营养。对他的艺术风格形成有巨大影响的，除了恩师袁戈生，还有范炳生、宋惠郎等。这些佛头，张东海虽未拜在门下，但终生引以为师。

张东海的讲唱，柔和顺畅，表情丰富动人，而且他有瞬间入戏的功夫，情绪随情节的起伏而起伏，讲到悲情处，两眼立即充盈晶莹的泪花。而一般的佛头往往是只放悲声，不见眼泪，由此可见，张东海不但感情细腻，而且极具悟性。

机会总是留给有准备的人的。2006年2月，靖江电视台开设《靖江讲经》专栏节目，张东海脱颖而出，成为“电视明星”。

靖江市民间文艺家协会主席黄靖先生钟情于宝卷研究，他对张东海的讲经艺术推崇备至，每有专家学者来靖江考察讲经，他都力荐他们观摩张东海的经堂。北京大学中文系教授陈泳超、陕西师范大学文学院教授李永平及其弟子都曾到张东海的经堂里通夜听经。

在黄靖先生的引荐下，张东海参与多场靖江与外地的宝卷交流活动。2007年中国靖江宝卷文化国际学术研讨会、2014年中国宝卷生态化保护与传承交流研讨会，均由张东海登台献艺，向国内外专家学者展示靖江的讲经艺术。同时，他还代表靖江多次参加江浙沪和全国宝卷联谊展示。2018年9月，在甘肃张掖的演出中，张东海开卷时摇铃腔一唱完，全场立即掌声雷动。

2018年5月，张东海被认定为国家级非物质文化遗产（宝卷）代表性传承人。2019年8月，靖江“非遗”保护部门出版了张东海及其哲嗣张卫国讲述整理的宝卷集《粉妆楼》，收入草卷六种，分别是《粉妆楼》《六明珠》《龙灯图》《描金凤》《唐明皇游月宫》《再生缘》。

实至名归，张东海倍受鼓舞，决心将讲经作为家族事业发扬光大，他甚至动员正在读硕士研究生的孙子张昊煜寒暑假跟出去做会，并计划再出一部讲述整理的圣卷集。同时,“非遗”保护部门筹划为他拍专题片,而市民间文艺家协会则酝酿为他写传记,并进行了前期采访。

谁知天不遂人愿,就在他的讲经艺术日臻巅峰之时,他不幸驾鹤西去。

## 四

张东海先生辞世,身后留下7部靖江讲经电视纪录片、1部宝卷作品集。

作为民间说唱艺术,讲经在靖江流传了三百多年,涌现出许多像袁戈生、张东海这样民间艺术大师。

包括张东海门下弟子在内,靖江目前依然以佛头作为职业者不下数十人,其中不乏有慧根或有吃苦钻研精神者,但由于乡村文化的日渐丰富多彩,传统讲经的听众已经越来越少。失去了生存的土壤,再伟大的艺术也无法传承与发展。随着时代的发展,社会的变迁,不管我们多么深情地挽留,像讲经这样的根植于农耕文明的民间艺术,终将退出历史的舞台。

从这一点上来看,张东海可能是靖江宝卷传承发展史上最后一位大师。

# 九 地名掌故

地名是历史的活化石。这些地名有的延续了数百年，有的几经改变，有的则消失在历史的长河中。地名，既是时代留下的印记，也是孤山人文底蕴的叠影。

孤山地区的历史地名涵盖村庄、河流、桥梁、市镇等，这些地名背后有着许多不为人知的故事与传奇。

# 戏鱼墩

孤山之西南三四里间，有塘焉。方圆约二亩许，绿水回环，四时不涸，中峙一墩名戏鱼，巅腰多杂树，疏影横斜，蒲苇周于四麓，过其旁者莫不停车延望，叹是墩与刘氏相终始也。[1]

康熙年间，靖江诗人刘筠如是记述。

家谱中的戏鱼墩图

〔1〕［清］刘筠《戏鱼墩原委说》，收录于民国《暨阳刘氏宗谱》卷二。

戏鱼墩埭，位于孤山镇杨太村，是五忠堂刘氏迁居靖江的始居地，因埭后河塘内有一座戏鱼墩而得名。

元代末年，刘元为躲避战乱，举家从镇江丹阳迁居至靖江。

那时的靖江还没建县，是一座位于长江下游的沙洲，名叫“马驮沙”。马驮沙东部有一高墩，四面之水皆通潮汐，水中多杂鱼，刘元常在墩上垂钓，这块高墩因此得名“戏鱼墩”。

刘元临终时，遗命将其葬于戏鱼墩上。后来刘元的儿子刘宏，听信邻居谗言，将父亲的坟墓迁出戏鱼墩，葬于河塘南岸。据说，迁坟之日，有两只状若凤凰的异鸟从坟中飞出。

刘元自举家迁至戏鱼墩之后，瓜瓞绵绵，繁衍出五忠堂刘氏的又一分支——戏鱼墩刘氏。

刘氏源出福建崇安五夫里。因先后有五位先祖被朝廷赐下的谥号中都有“忠”字，故号“五忠堂”。其中，忠定公刘子羽的弟弟叫刘子翚，是宋代大儒朱熹的老师。

戏鱼墩刘氏即刘子羽的后裔，历经播迁，先由福建崇安迁居安徽祁门，再从祁门迁至镇江丹阳，元末又从丹阳迁居马驮沙。

六百年来，戏鱼墩刘氏在靖江开枝散叶，生齿日繁，后逐步外迁，今散居于常州、无锡、张家港、泰兴等地，更有播迁至海外者。

戏鱼墩刘氏耕读传家，代有才人，仅在靖江，在清代就出了三名贡生、五名举人。五名举人中有三名武举、两名文举。此外，清初诗人刘筠也出自这个家族。

刘筠，字湘九，号竹西，秀才，明亡后绝意仕进，杜门著书，著有《竹西诗文集》《先觉心传》等。他为人低调，康熙七年（1668），靖江知县郑重盛邀朱凤台纂修县志，“县史稿半出其手而阳避其名，故人罕有知之者”[1]。

近代以来，戏鱼墩刘氏靖江支比较有名的人物当属刘伯骞先生，他是弘毅中

〔1〕［清］刘钟英纂《刘氏宗谱》卷七，同治九年（1870）木刻本。

学（江苏省靖江高级中学的前身）的创始人，桃李满天下。

外迁的戏鱼墩刘氏中，以江阴“刘氏三杰”最负盛名。刘半农是中国新文化运动先驱、文学家、语言学家和教育家，他的两个弟弟刘天华、刘北茂皆为著名的音乐家。

今位于城北园区的靖江市第一高级中学两侧的道路分别以“天华”“伯骞”命名，就是为了纪念两位从戏鱼墩走出的英才。

自明代中叶，戏鱼墩刘氏始修家谱，其后多次重修。现存的有同治九年（1870）、光绪三十三年（1907）、民国三十八年（1949）家谱三种。其中，光绪三十三年的家谱即是由“刘氏三杰”的父亲刘玉珂纂修。也正是从这部家谱开始，江南刘氏与靖江刘氏分开修谱，长江两岸族人渐渐音讯断绝。

2009年，江阴戏鱼墩刘氏宗亲组织重修族谱，多次组团到靖江戏鱼墩踏访，寻根问祖。是年11月15日，根据戏鱼墩埭人提供的线索，江阴刘氏宗亲从埭后河塘内打捞出一块石碑，上面刻有“祁门刘氏戏鱼墩”七字。

乾隆十一年（1746），戏鱼墩被他姓侵占，刘士朝、刘大智两人纠集族人通过诉讼重新夺回产权。乾隆十三年（1748），刘汇吉立碑于墩上，告诫他人不得侵犯，族人不得变售，这块碑应是当年所立的石碑之一。

2019年12月26日，刘北茂先生之子、我国著名小提琴演奏家刘育熙教授探访戏鱼墩，与埭上族人进行了深情交谈。他说：“以前只知道自己是江阴人，祖居张家港南沙。现在才知道，我的家族最早出自靖江，出自戏鱼墩。今后，在做对‘刘氏三杰’的研究的时候，一定要把这一点补充进去！”

值得注意的是，靖江另外两支名门望族也都与戏鱼墩有渊源。

万历年间，梓溪刘氏的刘文栋在戏鱼墩建秋水轩，读书于此。“石塘、竹径，前后老树，多数百年之物。四面清水，四时皆秋，故以秋水名轩。”当时的戏鱼墩“出水中高丈余”[1]。清初，刘文栋的孙子刘应峻在戏鱼墩东侧建茅舍，又在茅舍北建

〔1〕《（光绪）靖江县志》卷十六。

有钓台。

此外，靖江另一名门望族资善堂朱氏曾在戏鱼墩建有别业——戏鱼墩山庄。《朱氏家谱》载：

戏鱼墩山庄，嗣曾公别业，方广四十亩，夏木千章，鱼沟蓄鱼，巨者几盈文。[1]

嗣曾，即朱垣（1746—1798），绍兴知府朱照之长子，曾任四川盐亭、丹棱知县，派办军需，以劳累卒，后葬于戏鱼墩。

最大的可能是，当年的水中高墩不止一处，戏鱼墩也不只一座。

今天我们看到的戏鱼墩，因为有《刘氏家谱》中的《戏鱼墩图》以及河塘中出土的石碑为证，无疑属于五忠堂刘氏所有。

自元至今，六百多年风雨如磐，戏鱼墩虽然已经坍去许多，但是孤阜之上，芦荻苍苍，当年刘元的垂钓之地，依然独立于水中央，一如家谱中的发黄的旧图。

这是靖江乃至泰州地区罕有的保存完好的家族始居地，就像一个家族的族徽，也是刘氏家族顽强生存的象征。

2018年3月，戏鱼墩入选靖江市首批历史地名保护名录。

2022年，戏鱼墩被泰州市民政局等六部门公布为泰州市首批地名文化遗产。

---

〔1〕朱一凤纂《靖江资善堂朱氏支谱》卷二，1941年铅印本。

# 石碇港

靖江诞生之初位于江中，四面环水。沙洲内有许多天然形成的水道，自有先民移居于此后，为了饮用、灌溉与运输所需，利用天然水道，又疏浚出许多通江河港，这些经年流淌的大小河流，就像靖江的动脉与毛细血管，让这片土地保持着蓬勃的生命力，活力四射。

嘉靖四十四年（1565）编纂完成的《新修靖江县志》载：

> 邑之川，四围大江。其源自岷峨，楚汉九江而下，与海潮迎，旋绕此洲。洲之中有港八十七，引潮通贯，以溉土产。

这87条港中，位于今天孤山区域的大致有天生北汊港、孤山东流港、石碇港、祁家港、孤山流水港、北新港、范家港。[1]

万历四十七年（1619）编纂完成的《靖江县志》卷二载，孤山团有十港，即孤山港[2]、亮港、叶家港、柏家港、卢桥港、石碇港、支家港、北新港、掘港、小港。

半个世纪过去，孤山的河港发生了明显的变化。

如天生北汊港、孤山东流港并流，改称“流汊港”，后来又改

---

〔1〕《（万历）常州府志》卷三《靖江县境图》中记载的河道与此相同，可见此图反映的嘉靖年间靖江的状况。《靖江水利志》采用此图，并标注为“明天启元年（1621）靖江河道图”，显然有误。

〔2〕原志中漏载，笔者据上下文进行了补充。

名“柏家港”；孤山流水港改称“卢桥港”。

石碇港从王店桥新开一条河，接通苏家港。祁家港、范家港不见了。新增的有孤山港、亮港、叶家港、支家港、掘港、小港。

康熙八年（1669）重修《靖江县志》，孤山团的河港没有变化，只有卢桥港的名称变成了“卢家港”。

时光荏苒，又过了近200年，咸丰七年（1857）《靖江县志稿》中，孤山团的主要河港依然没有太大的变化，只有柏家港改由东双港入江。

到1950年时，根据新的行政区划划分，亮港属季市镇。叶家港已湮，当也在季市镇范围。柏家港，即百花港，为孤山、季市二镇与斜桥之间的界河。卢家港已易名“芦场港”。北新港也已湮灭。真正一直属于孤山区域、名实俱存的只有石碇港。

康熙六年，为解决泰兴、如皋北水南泄的问题，经扬州、常州二府率泰、如、靖三县县令踏勘边界，达成协议，由泰兴出工疏浚柏家、石碇、庙树、蔡家四港，如皋出工疏浚夏仕港。自此，这五大港与生祠地区的大靖港以及贯穿靖江中部的团河，构成了靖江“六纵一横”的骨干水系。

经过疏浚后的石碇港成为靖江中片地区和孤北洼地的引排河道，也是沟通南北水运的主要航道。

从康熙五十一年（1712）至光绪三十一年（1905），历代知县曾组织疏浚石碇港八次。

自嘉庆年间之后，靖江沙上地区水位逐步上涨，由老岸向靖江南部又疏浚出多条泄水入江的港道。其中，位于靖江城东部的十圩港接通护城河，向北直达蚂蚁坊桥，与石碇港毗邻。

1958年11月，靖江县政府组织民工2万余人拓浚八圩港，由于规划变动，改浚十圩港，工段为江边至北土桥，全长17.5千米，此次工程对河道进行裁弯取直。十圩港由蚂蚁坊桥向北，过王店桥，经孤山东侧，向北在三元桥与石碇港接通。1959年11月至1961年3月，县政府先后两次组织民工疏浚十圩港北段至界河，全长5千米。这次疏浚后，石碇港北段，即由三元桥至界河，已经成为十圩港的一部分。

至此，石碇港将孤北洼地泄水的重任转交给十圩港，它剩下的河道还叫“石碇港”，或者叫“老石碇港”，至今依然在默默流淌，滋润着孤山古老的土地。

有港就有桥。石碇港自南到北，建有许多桥梁，比较有名的如蚂蚁坊桥、王店桥、烧香桥、三元桥等。

烧香桥位于石碇港中段，今属山东村。这座桥大约建于嘉庆年间，由永庆团（相当于今天的斜桥镇）人陆三友捐资建造。传说陆三友结婚后无子，遂到孤山寺发愿，若能生子，便出资在石碇港上造桥，以方便香客进香。后来果然生下一子。陆三友大喜，慷慨解囊，一下子就拿出纹银350两，建成了当时靖江最豪华的一座石桥。

整座桥使用汉白玉石为材料，桥长约10米，宽约3米，水底铺石板，长、宽与桥面相同。

但是，这样一座为乡民进香而修建的桥梁，考虑了香客，却忽视了船夫，没有

从烧香桥眺望石碇港

按常规将桥梁设计成拱桥。平时通行尚可，一旦涨潮，那些载重量大的货船或者高档客船就无法通过。

道光八年（1828），靖江耆老刘曰龙带头向时任靖江知县贺云举建议，将石桥拆除，改建成木桥。此议遭到村民反对，并发起诉讼，最终，改建的方案被停留在纸面上，未能进入实施阶段。

当时有人提议，说可以在桥西买10亩地，从桥北开港绕过石桥，到桥南再建一座木桥，既可保留石桥，又可保证船只往来无碍。[1]

这样的建议，出发点只是为了规避矛盾，基本没有操作的可行性。

在农耕时代，水路成本最低，是重要的运输途径。由于烧香桥的限高，不管是人员出行还是货物运输，都受到制约。在中华人民共和国成立之前，作为区公所驻地的孤山镇，其市廛远不如季家市、广陵镇繁华，不得不说，交通不便是其主要原因。

1943年9月，为阻止孤山敌伪向东“清乡”“扫荡”，长安区民兵拆毁了烧香桥。在拆毁中，条石断裂，造成3死3伤[2]。1958年，烧香桥改建为木桥，后又改建为水泥拱桥。

---

〔1〕《（光绪）靖江县志》卷三《舆地志·桥梁》。

〔2〕见《靖江革命斗争史（西来、长安、柏木区资料选）》，中共靖江县委党史办公室编，1989年1月，第134页。

# 范家石桥

范家石桥，位于孤山镇石桥村，跨横河，本名“隆茂桥”，因系范氏出资所建，俗称“范家石桥”。始建于乾隆二十六年（1761），距今已263年。

最早的范家石桥位于今天石桥的西边约30米处。

据老人们回忆，那时的范家石桥桥面由两块粉红色长条花岗岩拼成，长8米，宽1.5米，桥墩是石砌的，十分牢固。桥面两侧刻有脸盆大小的3个圆圈，内有阳文“隆茂桥”3个正楷字。桥下的横河东接大港，西接渔婆港，可通木船。

石桥范氏原籍信德府尧山县解岗（今属河北省隆尧县境内），南宋时，范邦彦任镇江府通判，遂定居镇江。著名词人辛弃

范家石桥

疾即范邦彦的女婿。

明朝初年，范邦彦后人范景贤徙居江阴云亭镇。[1]

永乐十年（1412），范景贤第三子范启光与江阴的秀才47人同去南京参加乡试，在长江中遇盗贼洗劫，沉江而死。其子范子惠时年16岁，联络几名受害者之子，一起秘密查访，获取盗贼罪证后进京告御状。历经2年，终将盗贼一一缉拿归案，明正典刑。

在为父访案期间，范子惠多次到位于江中的马驮沙，见此地风光旖旎，物产丰盛，甚为喜欢。永乐二十年（1422），范子惠偕兄范子懋迁居马驮沙之西隅。正统年间，其弟子广也迁居马驮沙，住紫微宫附近。

进入清代后，范氏中的一支移居元山团东二十二图隆茂庄，即今石桥村范家场。为方便出行，范家先是在宅地后横河上建有木桥一座；乾隆二十六年（1761），木桥被改为石桥，名为“隆茂桥”。出资修建石桥的是范氏族人范涵芳。

范涵芳，字心培，号静园，生于乾隆三年（1738），卒于嘉庆十一年（1806）。范涵芳“素性刚毅，言语不阿。幼承祖业，长入太学”。在他手里，范氏家业得以振兴，“建房置产，积聚万金”。兴建隆茂桥时，他正年富力强。

范家石桥南面是一条长约30米的街道，青石铺地，街道东西都是店铺，还有一爿茶馆店。民国初年，这里是石桥乡的乡绅们“吃讲茶”，处理民间纠纷的地方。街道往南是大路，通往靖城。

街东有范氏庄园，面积约七八十亩，东、西、南3面挖有宽阔河道，与横河连接。南河上有木桥，桥上安有木门铁丝网，白天启用，晚上关闭。庄园内有家丁护院。大宅院北沿横河是竹林，青翠婆娑；中间是住宅，粉墙黛瓦，错落有致，有风火墙、马头墙，形态各异，非常别致。宅院内住着大小十几户人家。门前园林，名曰“乐隐萃”。

---

〔1〕民国十六年（1927）《骥江范氏宗谱》载，靖江范氏为范仲淹第三子范纯礼的第七世孙范直彦之后，但据范广赉先生考证，范仲淹的前十世祖先均为苏州吴县人，而靖江范氏祖居信德府尧山，两者不是一家。

石桥北建有范氏支祠，为光绪年间范协所建，有两进大屋，两侧厢屋，供奉范氏列祖列宗木主神位；外围墙为橘黄色，宏伟壮观。宗祠西侧是南北向的大路，直通靖泰界河边的宁界市和广陵镇。

由于范家石桥独特的地理位置，在战争年代，这里曾经发生过许多场战斗。

民国时期，范家石桥头是靖江北乡最大的地主聚集地。地主占有大片土地，压迫剥削穷苦百姓，其中以范玉人的势力最强。他曾任缪家殿小学校长，后任国民党石桥乡乡长兼乡保卫团团长，是远近闻名的恶霸地主。

1930年3月至5月间，中共靖江县委西沙区委朱德庆、范迪义、范林生等人连续对范家石桥地主巢穴发动了三次攻击行动，这三次行动规模不大，但影响深远，史称为“三打石桥头”。[1]

1937年7月，抗战全面爆发后，国民党杨开多部队曾在范家石桥一线驻扎过，并在公路两侧筑工事，挖壕沟。日寇入侵后，杨开多部队未开一枪即自行撤走。所幸，这批工事没有白做，第二年春，陈玉生率领的靖泰抗日游击队在此利用工事，伏击了一批日军。

陈玉生，泰兴县广陵镇人，1938年2月11日，陈玉生，在泰兴龙王殿组建起靖泰抗日游击队。20日，国民党泰兴县长朱路九调集县常备队围攻游击队，陈玉生率部撤至靖泰界河南，驻扎在石桥头范祠宗祠内。21日，侦察员向陈玉生报告，靖江城日军一个中队将于第二天早晨去广陵镇赴宴。陈玉生决定伏击这股敌人。

范家石桥位于靖广公路中间，是日军前往广陵的必经要道，游击队遂决定在此设伏。

22日天亮前，游击队三个中队分别埋伏于范家石桥以北的三座村庄中。当一个中队的日军全部进入了伏击圈，陈玉生举起盒子枪，首先向敌人打出了一梭子弹，战士们跟着开火，一颗颗手榴弹在敌群中爆炸；日军被打得乱成一团。战士们灵活机动地射杀敌人，直到子弹快打完了，才撤出战斗。日军也无心恋战，缩回了

---

〔1〕参见本书《西沙区委》一篇。

靖江城。

这一仗，游击队牺牲2人，负伤5人，毙伤日军多名。首战告捷，士气大涨，威震敌胆，振奋人心。日军吃了败仗之后，派兵到范家石桥，烧毁27户170间民房，扬言如再隐藏游击队，还要加倍烧杀。[1]

1939年夏初，国民党江苏省保安第四旅第一团副团长郑清率一个营驻扎在范家石桥。郑清（1909—1939），字维亲，孤山郑家埭人，黄埔军校九期毕业。

1939年8月4日（阴历六月十九），观音诞辰日，是石桥乡涨公殿与善缘乡姚家殿的庙会香期，群众云集，热闹非凡。

是日凌晨，100多名日军从靖城窜至横河边，准备偷袭郑清部。幸亏隔夜郑清已派人拆除了横河桥，于是日军架起迫击炮轰击营部驻地范家祠堂。郑清部仓促应战，不久即逃之夭夭。日军纵火烧毁范家祠堂，又烧光石桥头北的新茂埭。

这是抗战期间，日军在靖江犯下的暴行之一。

范家石桥有着深厚的历史内涵，尤其是有丰富的红色基因，2019年入选靖江第一批历史地名。

---

〔1〕陈玉生《如泰靖革命武装的建立》，收录于《江苏文史资料集粹·革命斗争卷》，江苏省政协文史资料委员会编，1995年5月。

# 广陵镇

广陵镇，位于靖江与泰兴交界处，今为泰兴市辖镇。

在明末，此地为一片荒滩，有赵、董、杨三姓由扬州到此定居，垦荒种植，因扬州古为广陵郡地，为表示不忘故乡，乃将此地定名为“广陵”。

在历史上，靖江也曾在此设镇。清《（光绪）靖江县志》载：

> 广陵镇，县直北，距城二十里。

1934年所编《南通区靖江概况》载靖江辖境“北至泰靖交界之镇隆桥（在广陵镇）”。也就是说，镇隆桥北为泰兴，桥南为靖江。靖江所属广陵镇为界河以南部分。

靖江与泰兴、如皋以界河为界。大凡两岸有桥梁相通处，均发展成为贸易集镇，如西来镇、季市镇、广陵镇、毗卢市、新镇市等。这些集镇被界河分割为南北两地，使用同一集镇名，却又分属两县。

康熙年间（1662—1722），靖江诗人朱廷宋曾到过广陵镇，为我们留下关于这座小镇风光的最早记述：

> 荒市余残照，单车入远村。田家交竹树，风俗盛鸡豚。
> 沽酒出茆舍，探花敲荜门。高堂何处是，前路已黄昏。

朱廷宋（1647—1715），字嗣殷，号质存，靖城布市里人，清初进士朱凤台第三子，曾任陕西宜川县丞。夕阳残照，诗人独自乘坐马车来到这座荒凉的集市，映入眼帘的是一派农村风光：竹树掩映，鸡鸣猪叫，农人出门买酒，破旧的篱门内花香袭人。

乾隆之后，广陵镇因水陆交通便利，逐渐繁华起来，堪与靖城、生祠、斜桥这样的大镇相颉颃。

镇上店铺林立，有酒行、木行、竹器行、粮食行、药店、京广杂货店、客栈等。靖江名医端永斋原籍溧水，咸丰年间太平军兴，其先人避难来靖，居广陵镇，以摇串铃行医，主治外科，兼营中药铺。

同治元年十一月二十七日（1863年1月16日），两江总督协办大学士曾国藩的重要幕僚赵烈文过广陵镇，留下了“初鼓到广陵镇，市颇繁，距城尚十八里”[1]的记述。

光绪年间，靖江西沙人陈锦章、陈锦铨到广陵镇开设陈锦记、陈铨记木行。由于经营得法，江西、湖南等地木料源源运来销售，贸易日益兴盛。陈氏木行除控制了西沙木行市场，还将生意扩展至常州、江阴、泰州、泰兴、扬中等地。

产生于清末民初的靖江民谣《三十六码头》中两次提到广陵镇的特产。一次说“广陵镇又出好烧酒”，另一次说“广陵镇上下出皮匠”。这是其时广陵镇市廛繁华的又一证明。

广陵镇的烧酒颇有些名气。抗战期间，新四军苏中三分区货管局“在靖江县的广陵镇建立了裕民公司酒行，专门从事酒的收购和运销工作。这家公司在开展对敌占区的经济斗争、粉碎敌人经济封锁、沟通物资交流、保障军民供给等方面，起了十分重要的作用”[2]。

宣统元年（1909），靖江十团改为五市四乡，其中五市之一的丁太长市（原侯河镇），其议董机关及自治公所均设在广陵镇。1929年，丁太长市被撤销了，仍恢

[1]［清］赵烈文《能静居日记》。

[2]张学恕《中国长江下游经济发展史》，1990年12月，第569页。另参考王进：《坚持敌后斗争的江海公司》，收录于《革命根据地商业回忆录》，1984年5月，第248页。

复广陵镇。

此外，位于广陵镇的靖江县立第四高等小学也大名鼎鼎。因前文已有叙述，此处不赘。

广陵镇多灾多难。第一次国内革命战争时期，这里是中共靖江县委西沙区委重要的活动区域，国民党政府机构以及商户土豪经常成为被打击的对象。1946年12月，为了阻止国民党军队的占据，中共靖江县委、县政府组织群众对占据的集镇开展大破拆，界河南面的清代与民国建筑大多被拆光。从此，界河南岸的广陵镇市面逐渐冷清。

靖江广陵镇有三大姓——张、刘、周，以张氏最为显赫。

广陵张氏系出北宋理学大家张载，祖居河南祥符，宋高宗南渡时南迁，定居扬州鹅坎。至正三年（1343），张云翅始迁至孤山脚下的莲子荡（今泰兴市广陵镇禅师村），成为张氏迁靖第一世。此后行政区划变化，马驮沙脱离江阴独立成县，得名靖江，而孤山周围也划归靖江。

张云翅之子张清苑因孤山脚下“土瘠水涸”，而迁至西沙邱家港。又若干年，其中一支东迁至今广陵镇北张家六圩，而后向南迁至广陵镇，散居于今靖江广陵村六圩埭与七圩埭一带。这支张氏在清末民初的靖江历史上大放异彩。

据《张氏宗谱》推测，最早迁至广陵镇的可能是张氏第十八世张琳。张琳生七子，分别是文魁、承恩、文中、文辉、文治、文炜、文瑞。其中文中、文辉、文治、文炜均早逝。

文魁生子汝谨。张汝谨（1860—1923），字华溪，号重甫，清优廪生，即著名画家张厚存先生的祖父。张汝谨在广陵镇创办广益布厂，这是继刘国钧于1917年在生祠堂开设的公裕土布厂之后，靖江第二家棉纺企业。

据民国八年（1919）《靖江县实业报告》载：

又邑境广陵镇，有广益布厂一家，有木机六十架，织造丝光、爱国等布，是为厂布，但机架多未能开齐，现有男女工五六十人，年约出布三千疋，亦运销下河各县为多。[1]

广益布厂后来迁至靖城县前街姚茂堂家，改名“广茂纱厂”。不久，姚家房子失火，纱厂被烧毁而倒闭。据张厚存先生回忆，他幼年时，母亲还会经常拿出蓝色的“火烧布”（火灾后抢救出来的布）给他们做裤子。

汝谨生有四子三女。第三子张体坤，字载庵，毕业于上海持志学院中国文学系，抗战胜利后曾担任审判侵华日军庭审的上校书记官。

张体玉是汝谨的幼女，据她回忆：

1933年张体坤毕业照

张家大院是四关厢房屋，正大门两旁各植有一棵大橙树。门有两个石墩（门当、户对），大门上镶有两个大大的铜环。门槛很高，进门后是一座大天井，天井里栽种着桂花树。前面是五开间大客厅，客厅两间都用屏风隔开，摆设豪华气派。厅屋后面有天井，再后面是堂屋。两边是厢房，有廊连接。堂屋也是五开间，分上下房。父亲（张汝谨）在西厢房屋设两间书房，各种古籍，琳琅满目。上书房是父亲的书房，下书房是他教育儿子读书的地方。东堂房是父母的卧室。

承恩生五子，次子汝谦，嗣胞弟文辉。五子汝谭，字敬甫，配陈氏，生有二子。四子汝讷，字仁甫，创办广陵小学。

〔1〕收录于《江苏省实业视察报告书》，江苏省长公署第四科编，1919年12月。

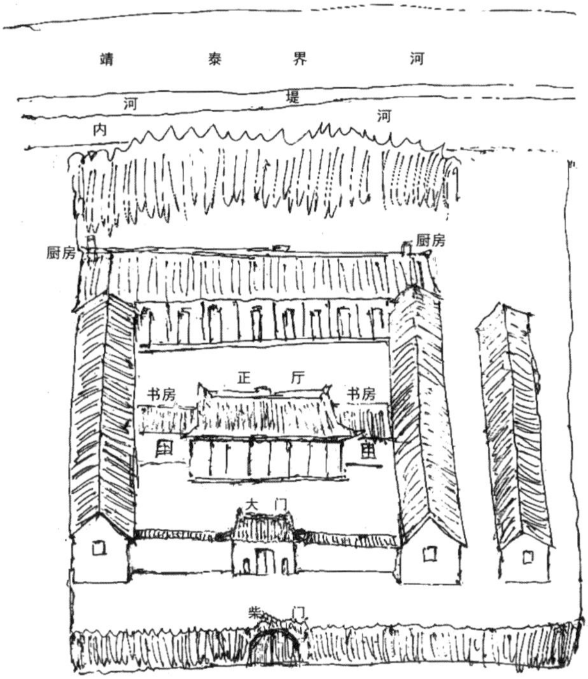


张家老宅示意图（张厚存画）

汝讷生有两子，长子张撰，字异三；次子张抃。

张抃，字正三，江苏省立第三师范学校本科毕业，先后任教于江苏省立第三师范附属小学、江苏省立第三师范学校、江苏省立松江高级职业中学、江苏省洛社师范学校；后任靖江县督学，靖江县立师范学校、县立女子师范学校校长，江西教育厅编审、苏北中学训育处主任等职；新中国成立后任无锡师范学校附属小学校长。

以上是七圩埭张氏，六圩埭张氏也同样人才济济。

张汝训（1904—1979），字式之，东南大学理化系毕业，著有《化学计算原理》一书，凡当时大中学执教化学者，借助此书处良多。抗战时执教于泰兴霞幕圩安乐桥苏北中学。抗战胜利后，执教于省常州中学。新中国成立后，调至苏州中学担任校长，后又调至江苏师范学院任副教授、化学系副主任。他知识渊博，治学严谨，深受学生爱戴。同时他有很好的文学修养，常以诗言志，惜未好好存稿，诗作大多遗失。其同事冯毓厚老师曾记下他的一首绝句，颇堪一读：

鲈鲙空相忆，黄花依旧开。

故国寥落后，何日好归来。

又有中国工程院院士张启先先生，前文有专门介绍，此处从略。

新中国成立后，广陵镇还以界河为分界，但界河之南的集镇明显凋敝了。

今天，靖江的广陵镇已经成为历史，只留下广陵村作为孤山镇最西北的行政村延续它的故事。

# 牌楼与烈女祠

在中国古代，女子地位低下，在封建纲常的毒害下，许多年轻女子在丈夫去世后放弃改嫁，孤老终生，更为甚者，自杀殉夫。这样的女子被称为“贞妇”。而那些在乱世中为捍卫自己的贞节而自杀的女子，则被称为“烈女”。

煌煌一部《（光绪）靖江县志》，居然有一整卷是专门记载贞妇烈女的。如今，这样的封建遗毒早已被时代荡涤，但翻检历史地名，依然可以发现这种畸形的文化现象留给我们的残存记忆。

明清时期，靖江曾建有多座贞节坊，今已全部销蚀于岁月风尘，有的风化成为历史地名。孤山镇东联村就曾有一座毛氏牌坊。

据《毛氏家谱》卷四载：

> 廷铭，字叔箴，配包氏，叔箴青年捐馆，义命自安，矢志靡他，寿登八十有奇，守节四十余年，载县，详三院汇题，恩叩钦奖建旌节坊。

《（光绪）靖江县志》卷十五载：

> 包氏，毛叔箴妻，二十七岁夫亡，孝亲抚子，守节三十六年，乾隆四年诏旌。

包氏27岁时，丈夫毛廷铭病故，包氏从此开始守节，独自抚养二子长大。她活了八十多岁，一生孤独，含辛茹苦换得一座贞节牌楼。毛氏牌楼建于乾隆四年（1739），包氏时年63岁。据曾见过牌楼的老人回忆，毛氏牌楼高8米、宽6米，共分4座，时名“毛氏牌坊”。建成后，时人题诗曰：

文鸳彩凤正青年，偕老何期失所天。
在昔柏舟敦善节，而今宸翰点华笺。
鸡鸣早廑深耕计，熊胆旋欣世泽绵。
从此图画瞻仰处，遥知题奏玉阶前。

1964年，毛氏牌楼被龙卷风刮倒，从此毁弃不复。

除了毛氏牌楼，孤山地区还有一座烈女祠，旧址位于今孤山镇王庄村王店桥附近。

烈女祠始建于元末，后毁于兵火。嘉靖四年（1525），时任靖江县丞韦商臣将之重建后，遂成一县之大观。

韦商臣（1490—？），字希尹，号南苕，浙江长兴人，嘉靖二年（1523）进士，授大理寺右评事。右评事，正七品，主要负责地方疑难案件的推究审问。

嘉靖三年（1524）十二月，针对当时的“大礼议”事件，韦商臣上《应诏陈言平大狱疏》，要求为受责罚的群臣平反，结果被嘉靖皇帝斥为“沽名卖直”，降二级，由正七品降至正八品，调任靖江县丞。

县丞是知县的副手，在明代，县丞的职权依例由县令委派，一般负责文书、教育、仓库管理等方面事务。但是，如果对县令的施政方针或具体处置有意见，县丞是有权直接向上级申诉的。韦商臣的顶头上司、时任知县的湖南岳阳人易干，就是如今孤山蹑云坊下明代石刻上的“易子伯贞”。

韦商臣在靖江仅待了一年多时间，做了三件大事，一是修学宫，二是推介“靖江八景”，第三件就是倡建了烈女祠。

韦商臣之所以要建烈女祠，与一个萦绕他多年的梦有关。

早年间，韦商臣还是秀才时，做过一个奇怪的梦。梦中一女子对他说，自己叫陈元奴，家住靖江，为守贞节而死。家乡原来为她建的烈女祠已经毁于兵火，以致魂魄无依。她希望等有一天韦商臣到靖江做官时，帮她重建祠堂。

10年之后，韦商臣高中进士，在京城寓邸等待吏部分配，这个女子又进入他梦中。韦商臣还以为自己要去靖江任职，但是不久，他就接到担任大理寺评事的任命，于是便觉得这梦虽然稀奇，却并非什么预兆。

等他为"大礼议"上疏之后，再次梦见陈元奴来泣告。正犹疑间，忽接到谪任靖江县丞的通知，他幡然醒悟，原来一切早已注定。

韦商臣到靖江后，就开始打听陈元奴。一了解，果然确有其人——她是元代"万卷书楼"主人陈范的孙女、南阳巡检陈天骥的女儿。

至正十六年（1356）冬，马驮沙上，盗匪烽起，陈天骥带着女儿陈元奴逃离家乡。在平江府（今苏州）时，遇一队张士诚军队开拔，道路梗塞。陈元奴年方十七，貌美如花，有士兵垂涎美色，要抢她回去。陈元奴不屈，投水而死。陈天骥悲愤异常，抗骂不止，被一群士兵殴打成重伤，第二天殁于客邸。

江阴人潘鹏有诗哀其事：

吴城仓卒苦遭兵，父女皆亡血污缨。
三世名门生有种，一家忠节死谁旌。
马洲废宅烟连树，延庆空祠月照莹。
夙训阿符应有立，克敦孝义继芳声。

韦商臣深为陈元奴的遭遇所打动，当即呈文请上级同意，筹资在县城往东北五里处官道之右重建烈女祠。烈女祠占地五亩多，另有祀田二十四亩。

烈女祠建成后，经地方人士所请，将另两位烈女孙氏、冯氏附祠于其中。正德七年（1512），流贼刘七率众过靖江，孙氏与冯氏被掳掠，抗拒不从被杀。

烈女祠是当时靖江城北一个重要的地标。

明清之际，靖江曾经发生两次破坏祠庙的运动。一次是天启年间，阉党魏忠贤权倾朝野，各地纷纷为其建生祠，靖江许多祠庙被拆除，改建成魏忠贤生祠。另一次是明清鼎革时，许多祠庙毁于战火。但是烈女祠却侥幸躲过了这两次劫难。

清初靖江人邹隆祚说：

（靖江诸祠）一毁于明朝魏珰之时，再毁于国初兵火之后，今皆荡画，惟烈女一祠尚存耳。[1]

可惜，这样一座劫后余生的祠庙，最终还是敌不过时代风雨，清末民初就毁弃，今已无迹可寻。

---

〔1〕《（康熙）靖江县志》卷十五《坛庙略》。

## 团结乡[1]

1943年，靖江抗日民主政府推行新乡制，刘伯培被选举担任孤山区石桥乡新乡制后的第一任乡长。

刘伯培，石桥乡缪家埭人，时年27岁，外科医生、他为人正直，崇尚医德，给穷人看病常常是分文不取，在群众中享有较高的威望。他担任新乡制乡长后，以行医为掩护，为党积极工作，不久，便加入了党组织。

刘伯培担任乡长后，敌伪妄图拉拢他，并利用他帮助伪政权收捐、收税。

季市镇的汉奸头目钱文礼与刘伯培是远亲，他三次派人送请帖给刘伯培，邀请他到季市镇赴宴。刘伯培只身入虎穴，钱文礼要他接受伪孤山区的收捐任务。刘伯培为了脱身，假意答应。后伪孤山区派人催款时，刘伯培总以“已征粮税被共产党截获”为由搪塞过去。

敌人岂肯善罢甘休，不久，伪孤山区政府派人送来通知，要求刘伯培担任伪石桥乡乡长，并要他到孤山镇办理手续。刘伯培按照孤山区委指示，日不归门，夜不归宿，行踪不定，让敌人找不

〔1〕本文主要参考缪耀章、沈林之、羊玉清《团结乡的由来》，收录于《靖江革命斗争史·靖中片资料选》，中共靖江市委党史办公室编，1988年12月；徐汝明《团结镇》，收录于《马洲印记——靖江地名文化撷萃》，丁兴国主编，2006年1月；王汝明《孤山镇的刀光血影》，收录于《孤山镇志》。

到他。

1944年6月14日，是刘伯培大婚的日子。婚礼前的一天，下了一场大雨。刘伯培以为这样的天气，敌伪不会前来找麻烦。谁知当天，钱文礼派他的副官商学惠来到孤山镇，由伪自卫分团长王汝明派徐鸿南陪同，一起冒雨闯进了刘家。

刘伯培躲闪不及，只得硬着头皮与他们见面。商学惠拍拍腰里的枪，要刘伯培跟他们去孤山谈事。刘伯培知道硬顶不行，只能跟他们出了门。刘伯培的两个弟弟为防不测，紧随其后。

这位商副官是马戏团演员出身，会武功，刘伯培虽然身高体大，但被他与徐鸿南挟持住，反抗不得，只能被推着往前走。

到了埭东，往孤山镇方向的路口，刘伯培灵机一动，假装滑跌，乘机伸手摸进商副官的衣袋，他发现衣袋里装的竟然不是短枪，而是一根弯曲的洋伞柄。刘伯培心中一下有了底，他一把抱住了商副官的腰，对跟在后面的两个弟弟大声疾呼："他没有枪，抓住他！"

两个弟弟飞步上前，紧紧围住了商副官与徐鸿南，与他们展开搏斗。刘伯培放声大喊："快来捉汉奸啊！快救人啊！"

埭上人听到呼救声，陆续奔跑而来。紧接着，鸣锣声、"捉汉奸"的呼喊声，交织在一起，响彻四面八方。成百上千名群众，手持钉耙、锄头、鱼叉、木棍、扁担等器具，不顾天雨路滑，蜂拥而上。

商副官与徐鸿南束手就擒，被押到缪家埭前，捆绑在一棵大榆树上。愤怒的群众对他们进行痛殴，刘伯培连忙制止，并派10多名群众将他们押往抗日区政府处理。

行至小营地埭时，两汉奸乘隙脱去外衣，拼命往孤山方向逃跑。商副官因是外地人，不熟悉地情，误入埭后河套内，再次被抓住。徐鸿南逃至离日伪据点孤山不足500米的燕子桥，被乔装赶集搜集情报的我党地下工作人员沈瑞成、尤正兴迎面拦住，将他擒获。

怒不可遏的群众将商副官与徐鸿南押至小营地埭后圩的范家坟园，钉耙、锄头一齐上，顷刻之间将两人打死后就地掩埋。

石桥人民奋勇杀敌的斗争事迹，传遍了靖江的每个角落。革命人民听到这一消息，无不拍手称快，悟出了“团结就是力量”的道理。此后，日伪、汉奸闻风丧胆，龟缩在据点内，不敢任意到据点外的乡村横行霸道，为非作歹。

为了表彰石桥乡人民，继承和发扬团结战斗的光荣传统，孤山区委决定把石桥乡更名为“团结乡”。团结乡的乡名便由此而诞生了。

## 常胜乡

常胜村，位于孤山镇南，在民国时期叫“展八乡”，抗日战争后期改名“常胜乡”。

革命战争年代，展八乡双庙子埭（今属镇南村）的刘志昇、刘志达、刘志明和刘志余兄弟四人都是共产党员，忠诚于党的事业。其中刘志明和刘志余为革命献出了宝贵的生命，他们被人们称为“刘家革命四兄弟”。

老二刘志达生于1907年，自幼聪明能干，多才多艺。长大成人后，他除了忙地里的活，还挑担卖过布，做过棉花生意。尽管他没日没夜地忙，但在苛捐杂税以及繁重的租利盘剥下，生活过得十分困苦。

1940年，新四军东进后，刘志达看到了曙光。他积极参加革命活动，1941年1月，经季松岑、刘志昇二人介绍加入中国共产党。一开始，他属特情系统，由庄振华领导，接着由印茂哉领导，地委特派员石云也经常住在刘志达家中。

刘志达（左）与刘志昇（右）。1957年摄于双庙子埭

1942年7月，刘志达被抗日民主政权任命为展八乡乡长。是年冬，展八乡进行新

乡制试点，刘志达又光荣地被当选为民选乡长。他带领群众与地主进行斗争，使该乡所有租田全部实现减租换证。

1943年11月，伪十二旅陈桐部约3000人到靖江驻防。其中一个营驻孤山和季市，营部设在孤山镇。家住展八乡的地主郑子屏是孤山伪军的事务主任，抗拒减租减息，指使儿子郑尔桐带领伪军20余人对刘志达家进行报复，拆掉刘家的房屋，拉走刘家的家具粮草，迫使刘家过上流浪生活。但刘志达绝不妥协，继续组织佣农与地主作斗争，并没收郑家财产。

不久，根据敌我斗争的形势需要，孤山区委决定让刘志达兼任展八乡党支部书记。

展八乡北距孤山伪据点不足500米，南距靖城伪据点不足2千米，是孤山区反伪化斗争的前哨。在反伪化斗争中，孤山据点里的伪营长蔡震多次去信给刘志达，要他当两面派乡长，均遭到他的严词拒绝。敌人又把他的父亲抓去做人质，他也没有屈服。

敌人见硬的手段不能奏效，就换了一个花样，想利诱刘志达。敌人派伪保长杜德培找到刘志达。杜德培说："只要你肯答应给我们做事，拆掉的房子完全可以盖新的。我们已为你准备好新砖瓦、新木料，可以帮你先盖好了房子，再让你帮我们做事。"

刘志达怒斥道："要让我当汉奸替你们做事，痴心妄想！"

杜德培遭到训斥后，脸上一阵红一阵白，灰溜溜地走了。

刘志达又积极组织基干民兵武装，到处给敌人以打击。展八乡成了让敌人头痛的地方，敌人不敢轻易涉足。在刘志达任乡长的日子里，展八乡未给敌人一粒米、一根草、一分捐税，敌人束手无策。

展八乡在敌人的眼皮底下，与敌人坚决斗争，成为靖江县的抗日反伪化斗争取得全胜的模范乡。为此，靖江县抗日民主政府传令嘉奖，县长祝惟干赞扬："展八乡与敌人常斗常胜，是个常胜乡"。

从此，展八乡就改名为"常胜乡"，也就是今天的常胜村。

# 十 小镇风物

# 十图总董

万历年间（1573—1620），靖江始设置镇区一级的行政区划——团，将马驮东沙与马驮西沙划分为十团。今天的孤山镇主体就是孤山团，还包括丁墅团的一部分。

《（万历）靖江县志》载：

> 孤山团，其团所辖境皆近孤山之境。南界中洲，东界永庆，西界丁墅，北尽于江。四至东西约十八里，南北十里，跨东新及西堀九港。内地名孤山其最显者，余则有烈女祠、王店桥、费家村等处。北新港有营地、烟墩。叶家港也有烟墩。

“北尽于江”，是因为当时的孤山北部与今季市镇之间还是北大江。

这里出现的地名除王店桥外，多已不存。烈女祠前文已述，消失于清末。费家村，不知何处，今也无此地名。

北新港的营地即今石桥村的大营地埭、小营地埭，今人多将之误认为是南宋时岳家军的驻军旧址。而据《（万历）靖江县志》卷五《兵政志》载：

> 水营，在北新港，即水哨官署。陆营，有官无署。二营俱万历二十二年以倭警设。

可见，这两座营地设立于万历二十二年（1594），目的是加强海防，防范倭寇。今大营地当为水营所在地，小营地当是陆营所在地。由两座营地向北，即是北大江。今天的范家石桥所横跨的横河，大致是当时北大江南岸的边沿。

明末，随着日本德川幕府逐渐由开放转向锁国，倭寇入侵逐渐衰减，而靖江北部大江也逐渐淤塞，水营与陆营已无存在必要，遂被撤销，仅留下地名。

烟墩即烽火台。正德元年（1506），为防御海盗，靖江始设烟墩。今广陵村烟墩埭即因为曾经是烟墩所在地而得名。

到了康熙七年（1668）重修《靖江县志》时，北大江已成平陆，孤山团“北接泰兴季家市”。

清初，诗人朱宝廉在靖江城东盛大家厅为塾师。一次，朱宝廉经孤山前往季市，有诗曰：

> 布谷声声向耳啼，远墟近埭碧烟迷。
> 山灵笑我饥驱甚，来往何曾蹑磴梯。[1]

其时，曾经白浪滔天的北大江已经是远墟近埭，阡陌纵横，芳草萋萋了。

团下设图。当时靖江有六十图，孤山团比较大，且人口密集，下辖十图。孤山集镇为东二十五图，名“丰裕庄”。

后来，丰裕庄建镇，名“清河镇”。所谓“清河”，是一条大体位置与今天的姜八公路重叠的小河，南北向，北接孤山港，并与团河、石碇港相衔接，民国初年尚有遗存。1935年，孤山人朱默亭买地建房，遂将遗存的沟池填平了，“清河”便成为历史名词。

清初，每个图始设图董，由当地德高望重的乡绅担任，元山团十图又设总董，

---

〔1〕［清］朱宝廉《往季家市路经孤山口占一绝》。朱宝廉，籍贯不详，康熙时期人，字酌泉，诸生。工书法，著有《鸿寄轩诗稿》。

也称“十图总董”，相当于镇长。

元山团的第一位总董叫郑熙璋。

郑熙璋，字瑶甫，孤山郑家埭人，生于道光二十七年（1847）。按家谱算，他属书带草堂郑氏第八房第十四世。孤山郑家埭是郑氏先祖从浙江浦江迁徙靖江的始居之地，郑氏宗祠即在孤山之西。

郑氏有八房，若论功名，则以迁入靖城的第四房科甲鼎盛，出了郑毓善、郑忬、郑锡琪、郑翊四名进士。而以家族财富论，则首推留在孤山的第八房。

郑熙璋是孤山首富，当时集镇上的房子他家占有一半，那些开店的大都是租赁他家的房屋。他名下还有良田二百亩，交由佃农耕种，是一个家道殷实的大地主。

郑府位于孤山南麓，坐北朝南，前面是店面，可以出租，紧接着后面筑有小前门，用以隔开正屋，故虽有门却长年关闭。前门后，筑有花台，种有牡丹、芍药、月季等花卉，再往后是正厅，东西两侧有厢房，共有十多间，朝东设有侧门。

身为总董，郑熙璋颇懂亲民睦邻之道。每年正月初一，他都头戴白色水晶顶帽（他没有考取秀才，捐了一个监生），身穿清朝服饰，脚蹬布鞋，在其保镖的保护下，挨家挨户拜年，全镇五十多户，不论贫富贵贱，一家不落。有的人家，他还进去坐坐，闲聊几句，镇民对他这一点也颇称许。

郑熙璋任总董时，家族显赫一时，与县里官绅关系甚好，衙门直进直出，乡民见他总是畏惧三分。

镇上只有一条“十”字街，四周皆为农户，当时的市况是这样的：有杂货店四家，酒店、棉布店、中药铺、猪肉铺、锅盔烧饼店各三家，其他还有水面店、理发店、客栈、炸油条、轧棉花、鱼行、粮行各一家。其他还有医师、邮政代办等。靠近团河边的朱默亭家经营有茶楼、锅盔烧饼炉，还借助团河运输之便，经营砖行、瓦行、石行、石灰行、树行、猪行等。每到下午，他家烤制的锅盔出炉，热气腾腾，香气四溢，很受欢迎。

孤山镇早年都是西街热闹，东街冷清。西街的店铺鳞次栉比，且每天的临时摊贩也很多。郑家住在东街，郑熙璋就利用他的权势，让他的保镖强行驱赶正在做早市的摊贩，让他们移往东街，期望能让东街也繁荣起来。但是百姓怨声载道，东街依旧没有兴旺。

郑熙璋坐收房租与田租，衣食无忧，大部分时间消磨在东街的茶馆里，饮茶谈天。

当时有所谓“吃讲茶”的乡风，地方百姓因房地买卖、分家析产或者遇有打架斗殴、偷窃扒拿等民间纠纷，常常请地方德高望重的乡绅到茶馆里剖判是非，排解纠纷。在孤山镇，郑熙璋是当仁不让的头面人物，请他“吃讲茶”的人自然很多。郑熙璋倒不在乎收两个茶水钱，但是反正闲着也是闲着，他喜欢在茶馆里正襟危坐，论人长短，彰显自己总董的权威与派头。

一次，大营地埭某村民与他人发生冲突，双方请郑熙璋评判。郑熙璋问明是非曲直后，当即作了决断。岂料这村民认为不公，且口出不逊，郑熙璋盛怒之下，以长杆旱烟杆猛敲其脑袋。那旱烟杆头上装着铜制烟锅，头部哪经得起如此重击，村民回去后不久，即因脑部受伤而死。

家人告进县府，人命关天，县府当即派人调查。郑熙璋复文，说该村民“失足于门槛之间，竟成病故”云云。县府也有明白人，派员质询：“既然失足，当时有没有请医师诊治？”郑熙璋语塞，稍后花钱打点，此案遂不了了之。此后，郑熙璋为人低调了许多。

宣统元年（1909）十月，靖江实行市乡制，孤山市为五市之一，设立市议会，郑熙璋任首任议长。

郑熙璋卒于民国元年（1912）六月。

# 聪慧朱正林

民间聪慧人物与清官是古代中国社会最受欢迎的两类人物，因为他们以不同的方式为普通百姓伸张了正义。但清官毕竟入则府衙高墙，出则回避肃静，可遇不可求，可观不可近，而聪慧人物出自民间，百姓有事，随时可以登门求助。他们不靠权势，不仗武力，仅凭过人的机智与胆识，帮助穷苦人，而又能全身自保功成身退，所以更受百姓们喜爱。

清朝末年的孤山人朱正林就是这样的人物。他的故事在一百多年前就在靖江广为流传。

20世纪60年代，靖江政协编纂《靖江文史资料》时，靖江耆宿叶虚舟、陈荫培就曾分别撰写有一则关于朱正林的故事，收入其中。20世纪80年代，朱正林的故事作为非物质文化遗产，被文化部门采入《靖江非物质文化遗产调查》一书。

关于朱正林的故事很多，2022年编纂出版的《孤山镇志》选编了《反咬一口》《火烧六十图庄书》《县官吃水》三则。这些故事有些实有其事，有些则是后人敷衍，也有则是将其他聪慧人物的故事移花接木。

叶虚舟与陈荫培两位先生生活的年代离朱正林并不算远，他们笔下的故事应该有所本，1982年，两位先生撰写的朱正林故事被整理成《朱正林率众抗苛锐》一文，收录在新编的《靖江文史资料·第一辑》中，不妨录以稽考：

清末时，靖江知县柳承先，安徽人，乳名大郎，起家市侩，系捐班出身，并无实学。柳在靖三年，不顾民众疾苦，竭尽搜刮之能事，靖江人民无不切齿痛恨，然而敢怒而不敢言，于是暗地里给他起一个诨名，叫“柳剥皮”。

邑人将其与前任清官叶滋森作对比，流传一副联语，对柳加以讽刺：

地岂无皮，尽被柳风刮去；

天如有眼，会叫叶雨飘来。

柳在任期间，正当靖江地方年成荒。他残酷无道，催课最厉，经常亲自率领差役下乡，如狼似虎，四出征粮。所到之处，男子当家人尽行逃避，仅留老弱妇孺看家。

有一天，柳又带人征粮至季市文武殿，群众如见瘟神，家家关门闭户。柳大郎吃了闭门羹，眼见目的难达，乃大施淫威，竟不顾县令身份，亲自动手，爬到卢金良家屋上，拆砖推瓦，声言“拆屋变价，抵偿官粮”。此讯传开，当时就有一群妇女奔来，将柳大郎围住，与之拼命，将其衣服撕得七零八落。柳无可奈何，只好退回城内。第二天，他尽调城守营的兵勇，耀武扬威，扎营在文武殿域，见人就抓，逢人便捉。这时，被逼得走投无路的群众变避磨为迎击，转畏缩而直前，立即动起众来，与官兵搏斗。

朱正林住孤山北面朱家埭，其人刀笔锋利，又善于辞令，一贯疾恶如仇，见义勇为，不畏强暴，好打抱不平，好为平民申冤出气，敢与官府顶撞冲突，曾多次被捕系狱。因此，群众中流传一句歇后语，叫做“朱正林坐所——老地方”。是时，朱一闻其事，立即驰往，闯营而入，与柳大郎面对面地进行交涉，义正词严，驳得其哑口无言。柳大郎恼羞成怒，吓朱正林说：“我到东，你也到东；我到西，你又到西。今天你飞蛾投火，我与你一不做、二不休，定不轻饶你。”

朱见单枪匹马，孤军作战，于事无利，于是就跃出兵营，到附近发动群众起来进行斗争。经过极短时间的酝酿准备，群众一呼百应，如云骤起，蜂拥而来，各带农用工具，手持题有“官逼民反”的小旗，口中高喊：

“我们是朱正林的兵，上！上！上！”

邻村的何有余、彭金龙等也率同多人，前来响应，霎时，四面八方，吼声如雷，势如潮涌。柳大郎眼见群情激愤，声势浩大，并知道朱正林不是个善者，过去曾较量过几次，尝过他的厉害，于是立即将被捕群众尽行释放，带着兵勇灰溜溜地撤回靖城，从此，催征课粮亦稍事收敛，不敢如前之横暴。

故事中的知县柳承先为安徽凤阳人，同治九年（1870）签掣江浦知县。因离家太近，不符合回避制度，于同治十二年（1873）经江苏省布政司同意，与靖江知县叶滋森对调。

后来因为柳承先官品低劣，口碑太差，经靖江士绅呈请，光绪元年（1875），由叶滋森回任靖江知县，柳承先调任震泽知县。光绪二年（1876）三月，柳承先以“心地糊涂，听断多谬”，被“着勒令休致，以肃官方”[1]。

靖江百姓得到消息后，作《恶知县赋》，历数柳承先作恶万端，斥其为“凤阳恶棍，骥渚灾星”。一个离任知县，百姓依然恨之入骨，在靖江历史上恐怕也是空前的。

朱正林率众抗苛税正是在这样的背景下发生的。据叶虚舟文中所称，抗税失败后，朱正林被逮，以抗课科罪发充辽东。而陈荫培《朱正林率众抗苛税》也提及朱正林与柳承先发生冲突，曾两次被捕系狱。

孤山地区流传一句歇后语：“朱正林坐所——老地方。”

因为朱正林总是与官府作对，所以经常被抓捕入狱。旧时，监狱中有个陋习，就是先进去的犯人要欺侮晚进去的犯人，也称之为“开小庭”，其手段之辣，不输于老爷升堂。

朱正林每次入狱后，总会大模大样地走到分给他的铺位前，指着柱子问：“我挂衣裳的铁钉怎么不见了？”此言一出，别人知道他是监狱里的常客，也就不敢拿

---

〔1〕《大清德宗景（光绪）皇帝实录》卷二十七。

他怎么样了。由此,留下这么个歇后语。

故事有些黑色喜剧的意味。

不管什么年代,个体人要与体制抗争,无论多么聪慧与英勇,大多以悲剧收场,很难做到全身而退。

朱正林那些故事背后的酸楚又何尝是他人所能知晓的?总之,孤山出了这样的人物,终究是孤山人的智慧与反抗意识的体现。

20世纪80年代,靖江县文化馆在搜集朱正林的故事时,采访了山东村的朱正林后人。根据朱正林与柳承先斗争的故事推测,他应当是生于道光年间,主要活跃于同治、光绪年间的一个人物。其余更多暂不可考。

**附录:**

### 咬官一口

由于朱正林名气大,有一位新上任的县官听说后,决定先下手为强,准备杀杀他的威风。

于是,县官到监牢里串通了十几个强盗,教他们诬陷朱正林与他们合伙打劫,坐地分赃。

这一天,朱正林正在石碇港边扳鱼,差人拿着拘签票到了。朱正林估计是县官的诡计,随即收起网,回来弄了点老酒,烧了几条鱼,请差人吃了一顿饭。

俗话说:“酒后吐真言。”推杯换盏间,朱正林从差人口中套出了内情。

朱正林对差人说:“我年纪大了,跑不动。我见官可以,不过请你们费点力把我抬了去。”

差人吃了他的酒食,不好意思拒绝。于是,朱正林用渔网把自己浑身包起来,让差人抬了上城。

县官坐在公堂之上,见朱正林到案,把惊堂木一拍,喝道:“大胆朱正林!你私通江洋大盗,坐地分赃,可有这事?”

朱正林道:“绝无此事。”

县官威胁道："拒不承认，罪加一等！来人，给我将这刁民痛打三十大板！"

朱正林大喊："老爷，且慢，你说我私通江洋大盗，可有凭据？"

县官道："我有人证。"说罢，连忙传强盗上堂来对质。

朱正林说："老爷，他们既然说与我合伙抢劫，就请他们说说，我是长子，还是矮子？是方脸还是圆脸？是麻子还是光脸？身材有多高？年纪有多大？……"

强盗没有见过朱正林，哪知道朱正林的模样，看着县官直翻白眼，一个个张口结舌，说不出来。

朱正林火了，他从渔网里钻出来，破口大骂："狗官，你胆倒不小，竟敢买盗栽赃，诬害良民，我和你拼啦！"

他冲上去，一口咬住县官的耳朵，骂道：

"狗官，你'咬'我一口，我也咬你一口，看你痛不痛！"

县官连忙挣脱，吓得溜掉了。

## 写状子

有个地主养了许多猪，不好好饲养，直接放在穷人家田里啃青苗，糟蹋穷人的庄稼。穷人听说他与县官有勾搭，所以不敢得罪他，有苦说不出。

有个人实在气不过，就去找朱正林，请他帮出个主意。朱正林说："不要紧，我替你写张禀单，你去告他。"

穷人担心道："他与知县老爷有私交，怕告不准吧？"

朱正林道："笃定，保险一告就准，不准，你再来找我。"

朱正林随手写好一张状子。穷人把状子递到衙门里，县官一看，状纸上有这样几句话："猪嘴如锹，乱啃青苗；害得穷人，无粮无草。如果老爷不准，钱粮一笔勾销。"

县官一想："不得了！这事体难煞人唉！准状吧，富人和我有交情；不准吧，人家不完钱粮……唉！罢了，准状，状准。"

## 巧计斗地主

有一年栽秧季节，佃户栽秧耥田，把地主家的祖坟的坟墩给耥掉了。地主就告到县里，说佃户盗坟掘墓。

佃户就请朱正林的先生写状子辩护。先生想了一天也没想出个理由来写状子。朱正林那时只有十四岁，听见先生在叹气，就问先生为底高？先生就说："你这小鬼懂什么！"

朱正林说："先生你说说，或许我也懂。"

先生就把事情的原委告诉朱正林。朱正林说："这事有何难，说他诬告就是了。"

先生说："你说得倒轻飘，坟头都耥没了，还说诬告呢！"

朱正林说："办法有的是。拿一把大龙锯去乱坟场，拣一个年代多的坟，锯半段用门板抬回来，往耥掉坟的地方一放。再捉一些蟛蜞倒在坟上，一夜能爬出许多洞来，看上去就像原来的坟一样。你驳他诬告还不是十拿九稳。"

先生一想有道理，就吩咐佃户按朱正林说的办法去做，一夜工夫就把坟做好了。

第二天一早，佃户拿了状子去见县官。县官看罢立即下乡勘察，一看坟地果真没动，就办了地主诬告之罪。

## 压杀猪

从前，靖江城北门有个恶棍，养了很多猪。他一年到头都把猪放在外面，糟蹋人家庄稼，把邻居家弄得污七八糟，上街下乡的人也有意见。

朱正林的村上有个穷人，到了年关脚下，家里没粮没钱，不得过年，就来找朱正林帮他借钱。朱正林说："明天你带辆小车，跟我上城去转转。"

第二天，朱正林坐在车上，穷人推他走。要到北门，穷人把车子歇下来，对朱正林说："四老爹，请你下来跑几步，有几头大猪困在前面街心里。"朱正林朝前一望："猪不关事，你从它身上推过去！"推车的穷人哪里敢？

朱正林又说："不要紧，猪压煞得不关你事，有我朱正林担当。"推车的穷人照准一头猪，把车轮从它的颈项处推过去，"哇啦"一声，猪倒断气啦。恶棍在家听到猪喊，连忙跳出来，一把拉住推车的，要他赔猪。穷人没法，回过头来看看朱正林。朱正林一本正经地从车上跨下来，对穷人说："我叫你推车在街上走，你为什么把车子推到他家圈里去？"

那恶棍忙分辩说："不，我家猪在街上的。"

朱正林笑呵呵："哦，原来是这样子！"

他转身对穷人说："把死猪带走！"

那恶棍哪里肯，一把拖住不放。朱正林来火了："怎样？大街上是走人、走车的，还是让你家养猪的？"

恶棍明知理亏，又怕朱正林，只好看着他把死猪推走。走了一段路，朱正林下车对推车的说："你把猪推家去烫烫，卖掉过年吧。"

# 孤山煤矿

在孤山西麓，原烈士陵园的东侧，有一座被水泥封闭的矿井，只留有一个方形小门。这是20世纪70年代开挖的孤山煤矿1号井旧址。

新中国成立后，为解决能源紧缺问题，1957年后，先后有多个单位到扬州、泰州沿江地带进行物探普查和地质勘探工作。其中，江苏省煤田地质勘探团六营根据地质勘探资料确定，靖江孤山地区海拔-600米煤炭总储量为250万吨，其中工业储量达142万吨。

1969年11月，扬州专区革命委员会建立孤山煤矿筹备领导小组，筹建1号井开采煤炭。矿井口位置就选择在靖江孤山西侧山脚下，计划利用孤山山体，向东南方向掘井，避过流沙层，再进入基岩，向设计井底位置掘进。

1970年初，南通专区成立煤矿建设指挥部，并向省煤炭工业局报告，要求在沿江煤炭贮藏地区开采煤矿。省煤炭工业局考虑到南通到靖江孤山距离较近，遂令扬州地区将刚刚破土动工的孤山1号井移交给南通地区开采，此时，1号井筒掘砌刚10多米。

1970年4月，扬州孤山煤矿指挥部人员、设备统一迁往江都煤矿。南通煤矿建设指挥部组织300人来到靖江孤山开采煤矿。

南通煤矿建设指挥部入驻孤山后，利用1个主井、1个风井和采区运输石门、回风石门开拓。回采水平为海拔-260米，局部为海拔-280米和-300米。但由于地质复杂，断层较多，开采难度很大，广大采煤工人付出了艰辛的努力，却收获甚微。

1972年2月，历经2年时间后，因遇地下流沙及暗河地下水，孤山煤矿1号井被迫停建。

1号井的停建后，孤山地区流传这样一则传说。

说是当年开矿时，地下出现了流沙以及湍急的暗河，巷道无法延伸，用了大量快速水泥也无法封堵。无可奈何之间，有人在一根木头上刻了字，将木头射进了暗河，木头迅即无影无踪。大约半年后，忽然有徐州煤矿的人来到孤山，了解地下暗河的事。原来，那根木头被他们从黄河里捞到了！由此人们得出结论：孤山下面

1968年秋，孤山煤矿开始出煤。图为工人在运煤（王国良摄）

有暗河，直通黄河。

这一传说神奇而荒诞，却也道出了孤山下面地下构造之复杂。

南通煤矿建设指挥部走后，扬州孤山煤矿指挥部再次接手。1975年，孤山煤矿被扬州孤山煤矿指挥部确定为重点基建矿井。

扬州孤山煤矿指挥部在孤山建立了南、北两个矿区，分别从孤山东北面和东南面建立两座直立井。南、北矿区相距3千米，南煤矿位于联华村，北煤矿位于山东村。

1982年10月，孤山煤矿开始出煤。

当时在县文化局工作的王国良曾去北煤矿采访，并坐进铁厢，随工人一起下井。他见到有3名工人正用风镐钻煤，几名工人在往外运煤，当时每班共有矿工12人，工作2小时。王国良按下快门，拍了好多张孤山煤矿热火朝天的生产照片，留下了这段历史的见证。

孤山煤质好，刚采上来的煤黑得发亮，摸起来软绵绵的，用稻草就能点着，火苗蹿得老高。可惜煤层薄，最厚处只有1.2米，最薄处仅80厘米。此外，建井采煤不容易，钻孔下去，要穿越淤泥层、粉砂层、砾石层、麻石层、石灰岩层、花岗岩层、青石层，最后才到煤层，开采成本极高。

这样开采了几年，前后只开采了二三百吨煤，因为严重亏损，1986年，孤山煤矿不得不停止开采。孤山煤矿关停后，资产由靖江化建局接管，人员全部分流。

当年给孤山煤矿贷款的扬州建设银行有这样的评价：

> 靖江孤山煤矿小井，是扬州地区工期最长、损失浪费最大的项目。总投资达1300多万元，但采煤储量最多只有几十万吨，年产能力只有1万吨。[1]

---

[1]《扬州金融志》第九章《固定资产投资及管理》，第319页。

孤山西麓废弃的孤山煤矿斜井，建于1970年（秦进摄）

孤山煤矿是在“扭转北煤南运”和“大力开发江南煤田”的时代大背景下上马建设的，它是特殊年代的特殊产物。孤山煤矿的建设虽然失败了，但它带给孤山的影响是巨大的，至今余波犹在。

首先，是证实了孤山地下有煤，而且品质很好。

其次，是作为靖江知名的国企之一，在鼎盛时期，孤山煤矿有职工1000余人，设有医院、电影院、煤矿福利厂等，其大手笔的投资建设、大型机械设备生产、大规模的生产场景对这座农业小镇的生产方式与思维模式产生了巨大的冲击。后来，孤山锅炉厂、空调厂等企业的崛起与发展或多或少受到这种生产模式的影响。

最后，是留下了南煤矿路、北煤矿路、南煤矿桥这样的地名。

如今，50多年过去，除了孤山西麓被封闭的矿井，南、北煤矿区的厂房还有遗存，两座深深的直立井都被楼板封闭，采煤机器全部废弃在井底，作为计划经济时代的工业遗存，等待着后人去追忆、探寻与反思。

# 泥狗子

孤山东北侧，大约是千百年来饱受江潮的拍打，成陆之后风化得特别厉害。树木稀疏，大片赭红色岩体裸露，岩质疏松，不断剥落，在山脚下堆积起一层黏土。旧时春荒，百姓饥不择食，到此挖岩粉充饥。人们将岩粉称为“观音土”，常有人因吃观音土腹胀而死。

明末清初，孤山庙会兴起之后，有人取这里的黏土烧制成小型陶制品，将泥玩摆到庙会上出售，因价廉物美，颇受香客们喜爱。

早年孤山泥玩的造型比较丰富，有小囡、狗、猫、燕子、鸡、鸭、牛、马等十多种。因以狗居多，乡人称之为“泥狗子”。这些泥玩涂上鲜艳的色彩，身上扎上几个小孔，就能吹出“嚁嚁”的清亮声音。

孤山泥玩曾经有过“泥玩具”“泥塑”“叫鸡”“泥哨”“泥狗子”等名称。2015年，入选江苏省第四批非物质文化遗产扩展名录传统美术类后，“泥狗子”成为官方认可的正式名称。

孤山泥狗子的最早制作者，当然是孤山脚下的居民。

关于清代时孤山泥狗子的制作，暂时没有找到文献记载。民国时期，居住在孤山脚下之徐家用孤山的岩泥制成一个个泥狗子，有大有小，其形酷似，且能吹响，外表涂上不等型的红颜色，很是悦目，庙会期间，成为热销货之一。

徐家还有一项独门手艺——做燕子。以孤山岩泥做成燕子的头颈，把彩色硬纸卷成笔杆型，一头套在燕子头上，露出泥头，再在两边配上彩色的翅，黏上剪刀型的尾巴，系上白线，吊在竹竿上，就像燕子在空中飞舞。赶香的香客多喜欢买了带回去给孩子玩。

看到徐家靠山吃山，附近村庄的人们也纷纷效仿，在农闲时取孤山脚下的岩泥制作泥狗子，利用香期庙会到集市上兜售，贴补家用。一时涌现出钱氏、沈氏和许氏等多个制作孤山泥狗子的家族，各显神通，争奇斗艳。孤山泥狗子的品种日渐繁多，工艺也不断提升。

抗日战争爆发后，孤山寺被日伪占据，庙会停办，孤山泥狗子也中断了制作。

新中国成立后，1957年，六一儿童节之前，孤山乡人民委员会召集老艺人开了个座谈会，研究恢复孤山泥狗子的生产，并给予支持。当时，人们将泥狗子称为“泥玩具”。座谈会后，民间工艺焕发活力，孤山一社76岁的许四郎做了大小1000多个泥玩具，并销售一空。[1]

这一时期，孤山上没有庙，所以也没有庙会，制作孤山泥狗子完全是从传承民间工艺的角度出发的。

1966年，“破四旧”运动后，孤山泥狗子的制作再次中断。

十一届三中全会后，集市贸易逐渐振兴，孤山泥狗子再次出现在孤山脚下的摊点中。

每年清明节，各地学校都要组织到孤山祭扫烈士墓，这对于学习生活较单调的学生们来说，是一次难得的远足春游的机会。活动前，家长会给孩子们一些零花钱，本来是让孩子们买一些小吃的，可是祭扫完毕、自由活动时，孩子们往往会在山脚下的泥狗子摊位边流连。这些泥狗子价格不高，色彩斑斓，又能吹得“嚯嚯”作响，实在是太吸引人，于是许多孩子会省下一些钱买一两只泥狗子带回家。

1992年，在信众们的奔走呼吁下，孤山寺得以重建。1993年，庙会再度恢复。孤山泥狗子有了更大、更稳定的展示、销售平台。

但是，和许多民间工艺品一样，随着时代的发展，物质生活的丰富，孤山泥狗子也面临传承的困难。主要原因是市场逼仄，民间艺人靠制作泥狗子无法满足基

---

〔1〕宋汝贤《孤山泥玩具恢复生产》，载于上海《文汇报》，1957年5月24日第3版。

孤山泥狗子

本生存的需要。

在农耕时代，孤山泥狗子是一种物美价廉的孩童玩具，颇受乡间百姓的欢迎。因为多在孤山庙会期间推出，孤山泥狗子实际承担了庙会吉祥物的功用。除了作为孩童玩具，也会被香客买几个回去作为几案间的摆设。不可否认，无论是作为玩具，还是作为摆设，每年孤山泥狗子的销量都是十分有限的。

岁月流逝，那些技艺高超的老艺人逐渐凋零，年轻人不再愿意学习，传承日渐困难，制作工艺面临失传。目前，只有山东村的钱氏家族等少数几个家族还保留着孤山泥狗子的制作手艺。

但是，作为原生态的民间手工艺，泥狗子与孤山、与三月三庙会文化紧密结合，有应被传承的价值与意义。2015年，泥塑（孤山泥狗子）项目入选江苏省第四批非物质文化遗产扩展名录传统美术类，受到政府的保护。

钱伯平，山东村人，孤山泥狗子省级保护传承人。据他说，孤山泥狗子的制作年代可追溯到清朝中后期，至今已有近两百年历史。这近二百年来，孤山泥狗子与佛教文化相结合，蕴含着教化世人、劝人为善的理。

孤山泥狗子为何要选择将狗作为主要造型，钱伯平认为，因为狗有着忠诚、勇敢、坚韧等品质。为泥狗子上色采用的颜料是松香。松香是松树上的一种油脂，松树是“岁寒三友”之一。所以泥狗子这样一件小小的民间工艺，却也包含了中国传统中“忠”“勇”“节”“义”等文化内涵。

捏制泥狗子时，需要人心气平和，泥土在手中拿捏恰到好处，心无杂念，一气呵成。若心有旁骛，则手里拿捏产生偏差，会影响整体美观和后期打响，难以吹出清脆的哨声。土生万物，捏制泥狗子也是一种返璞归真，体现了道法自然的古朴思想。

2022年，山东村建成一座孤山泥狗子陈列馆，专门展示孤山泥狗子的前世今生，介绍制作工艺，陈列各式各样的作品。泥狗子已经成为孤山的一张乡土名片，向人们展示着孤山人的心灵手巧与对美好生活的追求。

如果说讲经是一种口口相传的吴越古音，那么孤山泥狗子就是另一种借助泥土吹出的最原始、质朴的古音，两种声音交织，诉说着孤山这片土地古老而深沉的历史。

老师在非遗文化馆教孩子们做泥狗子

# 玉爪蟹

芦场港是一条古老的河流，在明代中期以前叫“流水港”。万历后，叫“芦桥港”，清代始叫“芦场港”，民国时叫“芦家港”，现在又恢复叫“芦场港”。港名的变化都是因为读音转变造成的，但毋庸置疑，它最初是由一条芦苇荡开浚出来的通江港。

芦场港，北通靖泰界河，南接东团河，由罗家港通长江。长江涨潮时，水向北涌；落潮时，水往南退。河港的两岸长有密密匝匝的芦苇，每逢秋风乍起，芦花怒放，白茫茫一片，浩渺苍茫，壮观迷人。

芦场港有一种特产，叫玉爪蟹。这种蟹壳背透青，腹如白玉，个大黄满，最大的三四只就够一斤，味道鲜美无比。

早在民国时期，玉爪蟹就已经闻名遐迩。

1948年的《中美周刊》对靖江的玉爪蟹曾有过介绍：

> 靖江王藻河的蟹，也是脍炙人口。在前清时候，它曾进御作过贡品，还获得了褒奖，美中不足的是产量不多；它的长处，便是壳下的“泥和尚”能一尘不染，四大皆空，并且满肚油膏，鲜美无比。
>
> 骥江的蟹产品虽不少，但较之玉藻河所产的，却是稍逊一筹，然而它的声誉在以往跟现在的阳澄湖一样，很受老饕们的欢迎。据说在君王时代的北京，每当无肠公子上市时，各酒馆里，就挂出“骥江名蟹”极大招市，

由此可知它在蟹中的地位了。[1]

“骥江”是靖江的别称，在文中，作者误将玉爪蟹误作玉藻蟹，又误以为是玉藻河所产，鲁鱼亥豕，但我们明眼人一看就知道说的是芦场河的玉爪蟹。

每逢秋深芦花放时，螃蟹就要游到长江边产卵过冬。西风响，蟹脚痒。秋忙方过，当地农民就纷纷择港汊狭窄处，架起窝棚，张网捉蟹，俗称“碰蟹”。

郑琼，联华村郑家埭人，1949年大军渡江时，她18岁，参加了解放军，从此离开了家乡。许多年之后，她依然无比怀念家乡，怀念爷爷，怀念村西头那港河里出产的玉爪蟹。

她的爷爷是碰蟹能手，年幼时她曾跟爷爷一起“碰蟹”。

爷爷高高的个子，花白胡子，“碰蟹”时一般腰系青色粗布褶裙，披件老棉袄，夜色笼罩时出门，踏着朝霞回来。手里提出沉甸甸的蟹笼，兴冲冲，笑眯眯。

在一个弯月西沉、青光铺地的夜晚，饭碗一丢，郑琼就抢着背起爷爷那只磨得锃亮发黄的蟹笼，牵着肩背被卷、手提马灯的爷爷的衣角，连蹦带跳地出了家门。

爷爷的蟹棚搭在港汊的岸边上，是用芦苇把子扎起的丈多长、三尺宽的拱式小棚。棚顶上披着稻草束儿，能遮风挡雨。棚内地面撒一层石灰防潮，石灰上铺层厚厚的菲穗，垫上芦席，被子往上一铺，躺上去像现代的席梦思，那感觉真是美极了，惬意极了。

时上初更，为讨爷爷的欢心，放下蟹笼，郑琼就帮爷爷卸下被卷，顺手平平整整铺放席上，转身拎过一只蒲团，让已张好网、挂好诱蟹灯的爷爷坐下，静候蟹来挂网。

夜色深沉，郑琼躺在爷爷背后的地铺上，看着天上闪过的流星，听着瑟瑟秋风敲击着棚壁，听着近处秋虫的曼声吟唱，她神怡心醉。但是她没有看到爷爷捕蟹的情形，就进入了梦乡。这成为她多年的遗憾。

1938年，日寇占领靖江后，也是一个秋风乍起、芦花喷涌的碰蟹季节，一个深夜，一队扫荡的日本兵闯入了这个宁静的村庄。爷爷由于正发着高烧卧床不起，与

---

〔1〕叶琦《江南蟹肥》，刊载于《中美周刊》，第305期。

埭上另外两个不愿意离开家的老人一起被杀害了。[1]

战争毁灭了诗意栖居的田园生活，玉爪蟹成了郑琼心中永远抹不去的家乡记忆。

通泰村是孤山镇最东北端的一座行政村，位于孤山洼地内，地势较低。芦场港穿村而过，历史上的玉爪蟹以此河段最为有名。

家住芦东圩的朱福林今年68岁，他小时候经常到芦场港摸蟹。据他说，螃蟹也需要出水吸气，会顺着芦苇或茭白爬出水面，看到人来就会“嚯咯”一声潜入水中，人走后就又钻出来。这样，蟹爪与芦叶、茭白长期磨拭，爪子雪白，所以得名“玉爪蟹”。

当年的芦场港水质很好，经常有罱泥船罱泥。河底无污泥，再加上常有船只经过，水流不止，河底是硬的，一个猛子下去就可以摸到一把蚬子。芦场港芦苇根系发达，水流再急也冲不走，但是没有芦苇的地方泥土就容易凹陷，一个猛子扎进去，就会摸到蟹洞。有时，一个中午，朱福林就可以捉满一虾笼螃蟹。

令人遗憾的是，自20世纪70年代后，玉爪蟹逐渐减产以至绝迹。

主要原因不外乎两点。一点是乡镇工业发展，污水排放不达标，使芦场港的水质受到影响；另一点是，随着长江江堤建设以及沿江河港通江口建成涵闸，闸口设置套网，导致长江的幼蟹无法顺着潮汐进入芦场港。

2010年后，靖江市政府大力进行环境整治，芦场港的水质得到大幅改善。2020年，长江禁捕后，人们不被允许在涵闸设置套网，生态逐渐得到恢复，玉爪蟹又现身芦场港，甚至还有长江管枪鱼（鳡鱼）、河豚的身影。

但是，另一个问题出现，自21世纪兴修水利，芦场港取直，新庄又建起排涝系统翻水站，芦场港与长江之间的生态链被隔断。加之近年为了改善水质，芦场港边的芦苇全部被砍去，玉爪蟹已失去了赖以生存的环境。

2012年，通泰村曾投放蟹苗，试图恢复玉爪蟹这一特产。蟹是养成了，但口味已与往昔不可同日而语。地方特产都产自独特的自然生态环境，一旦环境改变，特产也就“泯然众人矣”。

---

〔1〕郑琼《深切地怀念》，收录于《华夏散文精选》，汪兆骞主编，中国广播电视出版社，2005年4月，第774页。

# 桑木桥羊肉

民谚说:“冬天常喝羊肉汤,不要医生开药方。”

自20世纪70年代以来,百姓的生活越过越火红,在饮食上更注重品质与营养。羊肉以其味道鲜美,既能使人御风寒,又可补身体而深受靖江人的青睐。

也许是为了印证靖江人热爱羊肉的地域均衡性,域内东、南、西、北、中,各有一处以擅长烧制羊肉而形成的美食地标。

东有西来缪家羊肉,西有四墩子羊肉,南有十圩桥羊肉,中有靖城的邢长兴羊肉,而占据靖北的则是孤山桑木桥羊肉。

桑木桥位于孤山往北500多米处,因石碇港上原有的一座以桑木为桥面的小桥而得名。姜八公路与桑木桥路成“T”字形,在姜八公路与桑木桥向西延伸的交界处散布着几家店铺,而闻名遐迩的桑木桥羊肉正发端于此。

桑木桥羊肉的历史可追溯到70年前。当时,通泰村刘家埭的刘宝生走村串埭,收购农家养殖的山羊,回来自己加工后,送至各个饭店。那时,羊肉加工只有冷切与红烧两种,现在风味独特、花样繁多的羊下水都被当成垃圾扔掉了。

由于桑木桥是交通要道,有相当的客流量,20世纪70年代,桑木桥埭人顾生根在此开设了第一爿饭店,兼营羊肉。顾生根饭店的羊肉即出自刘家埭。顾生根的饭店大约只营业了二三年便关闭了。

1975年左右,顾鹏林在桑木桥开设饭店,使用的是从山东顾家埭收购的山羊加工的羊肉。此后,顾生根的儿子顾忠孝也拾起父亲的行当，再次在桑木桥开羊肉店。1978年，李银海在桑木桥开店，主营羊肉，兼营冷菜。李银海师从刘银富，刘银富则师从刘宝生。

1980年后，随着孤山乡镇工业的振兴，桑木桥的饭店、羊肉店也如雨后春笋，这时候开有兴众饭店、哈哈饭店、大初羊肉店、红红羊肉店等。桑木桥羊肉开始声名鹊起。

烹饪大师陈卫国先生认为，桑木桥羊肉最初形成口碑得益于量大料足，汤煨得白而且鲜，加之老板善于待客，加汤不收费，热心人，贴心店，而后逐渐形成一些特色。如羊腿透烂肉嫩味鲜，炒羊肝嫩滑味正，扒烧羊蹄软烂离骨不失形，胶汁粘牙有弹性，粉丝羊肉汤，汤白、肉多、碗口大等。

名声传出去后，食客纷至沓来。为了笼络顾客，每个羊肉店都在菜品、技艺上下苦功，争奇斗艳，推出自己的招牌菜。

2004年，顾孝忠以个人名义申请注册“桑木桥”商标，并于2007年8月通过国家工商总局商标局的审核，成为靖江第一个以地名成功注册商标的特色小吃。

2012年10月，著名作家、美食家蔡澜做客靖江，曾专程到桑木桥品尝了羊肉宴。桑木桥的羊肉宴给他留下深刻的印象，后来他在美食专栏中，还特地提及。

2013年12月，泰州日报、泰州晚报、泰州新闻网联合组建的“乡镇美食品鉴团”走进孤山桑木桥，品尝了颇具特色的全羊宴。

商场如战场，餐饮行业风云变幻。2014年，“桑木桥”商标到期后，顾忠孝未提出续延注册申请。2018年底，顾氏羊肉店关张。如今的桑木桥虽然有不少饭店，但专门从事羊肉美食的只剩下银海桑木桥老羊肉店一家。

店主李卫民子承父业，从19岁开始就学习羊肉制作技艺，至今已有20年的从业经验，他于2015年重新注册了“桑木桥”商标，其推出的全羊宴颇负盛名。

全羊宴的主料是羊肉，因此羊的品质很重要。银海店的羊主要来源于水草丰茂的马洲岛。这些江心洲上散养的“爬坡羊”吃水草，饮江水，在江心滩上爬上滑下、栖息嬉戏，完全不吃任何饲料，因此肉质肥嫩、肥而不腻，口感非常好。

羊选好了，制作也很重要。靖江人喜欢羊肉的鲜美，但并不喜欢它的膻味。银

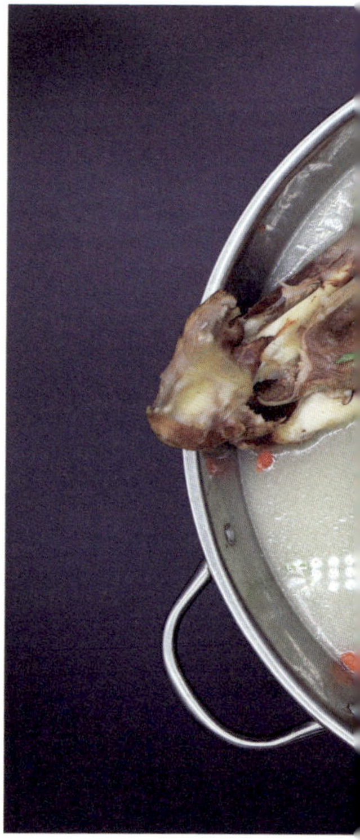

海店里有两个厨房，一个是炒菜、煲汤用的，还有一个专门进行羊肉初加工。早先初加工厨房用的炊具有土灶、甑子，现在已经很少有饭店使用。其实用土灶、甑子蒸出来的羊肉肉质鲜嫩，汤头原汁原味。

全羊宴由大约28道菜组成。

第一道菜一般是大锅——白汤羊头颈。白汤羊头颈汤底是蒸了两个半小时的原汁原味汤，一大锅很霸气，汤色似奶，蒜花似碧玉，肉嫩汤鲜，一点吃不出羊膻味。

紧接着其他菜肴悉数登场，有大蒜炒羊肝、手撕羊肉、孜然羊棒骨、特色羊排、秘制羊眼、红烧羊脑、带皮生焖羊肉、羊蛋炖蛋、杭椒羊脆骨、酸汤羊血肚……

带皮生焖羊肉是用土灶烧的，看起来像红烧，但没有用酱油，是用白糖熬的色。羊蛋炖蛋爽滑、鲜嫩，这个菜色香味俱全，金黄的鸡蛋、白色的羊蛋，还有红红的枸杞，看了就让人很有食欲。孜然羊棒骨外焦里嫩，香啊！酸汤羊血肚比较开胃。红烧羊脑嫩滑爽口，入口即化。秘制羊眼韧劲十足。

每道菜，虽原料都出自羊身上，但色泽、菜形千姿百态、各尽其妙，有的鲜艳，有的凝重，有的素雅；煎、炸、炒、烧、炖、烩、卤一样不少，摆盘也很精致；羊血、羊肠、羊头、羊蹄、羊脑、羊眼、羊耳全部入菜，心思奇妙。

全桌皆羊又无羊。虽然都跟羊有关，但每道菜都吃不到羊膻味，不说根本不知道吃的是羊肉，只知道很鲜美。

秋风乍起，天气转凉，每天从各地赶到桑木桥品尝羊肉的食客络绎不绝，有的呼朋唤友，有的拖家带口，不但吃，还会买一些送给外地的亲戚朋友品尝。

曾任执教靖城中学多年，现客居杭州的靖江老诗人严立青先生，一次到孤山桑木桥品尝羊肉宴后，诗兴大发，赋元曲《中吕·山坡羊》一阕，赞曰：

> 腾腾香气，独独风味，肥而不腻高开胃。
> 客成堆，酒觞飞，包厢内外人声沸。
> 厨艺豪赢金口碑。
> 酥，羊大美。
> 鲜，羊大美。

几十年累积起来的羊肉烹饪技术在传承中不断发展，桑木桥羊肉已然成为孤山乡村一道亮丽的美食风景。

# 附录　名人雪鸿

# 孤山助理员——刘淇生

1935年冬天一个清晨，一个操着苏北口音的年轻人来到孤山镇三区区公所，找到时任三区区长的褚树信。

他自我介绍说叫刘淇生，然后掏出一张介绍信递过来。褚树信一边招呼人倒茶，一边飞速地浏览了一下介绍信。

最近，三区的一个助理员要调走，正待物色接替人，县政府秘书吴向晨推荐了一个刚到靖江谋事的朋友，就是刘淇生。

刘淇生，江苏涟水人，自幼孤苦，曾在杂货店当学徒，后进入涟水县政府当文书。1928年秋加入中国共产党。曾任涟水县城区区委书记。

1932年4月，刘淇生经人介绍至吴江县（今苏州市吴江区）公安局任文书，在吴江期间，他与吴江乡村师范学校的学生吴其超、赵乃源、杨源时（张家港人，抗战期间曾任靖江县委书记）等人组织读书会。1933年秋，刘淇生跟赵乃源到东台溱潼开村（今属泰州市娄堰区）任小学教员，因思想进步，引起当地保甲长的怀疑。这时，他在吴江公安局的前同事吴向晨已调至靖江县政府任秘书。吴向晨的外甥杨建华跟随吴向晨在靖江谋事，他与刘淇生很谈得来，时常通信。得知刘淇生的处境后，杨建华告诉吴向晨。吴向晨遂邀请刘淇生到靖江。

刘淇生

这样，刘淇生雇了一条船，沿串场

河南下，来到了靖江。

刚好三区助理员要调离，经吴向晨推荐，刘淇生到孤山补缺。

因为是从县里来的，褚树信对刘淇生很是客气。名为助理员，实际没有多少事可干，每月收入20块大洋。刘淇生只在孤山干了半年，便在吴向晨的关照下，调入靖江县政府任文书。

刘淇生出生于破落地主家庭，生活条件比寻常百姓家要好一些，而且他自16岁即进入涟水县政府当文书，每月有20块大洋的薪水，这比农民辛辛苦苦一年挣得还多。他来到孤山，第一次直面农村贫困的生活状况。

20世纪30年代的孤山状况并不好。孤山南边是团河，东边是石碇港，按理不会缺水，但民国时期河道狭窄，长年缺少疏浚，加之正处于寒冬，所以蓄水量不足。由于缺水，卫生条件自然不好，让刘淇生颇不适应，所以，他在后来的回忆中对孤山颇有微辞。

这是一个异常寒冷的冬季，多年之后，他说："那种从未遇到过的彻骨的冷，至今回想起来心里都会打冷颤。"[1]

还有一个原因，就是刘淇生到孤山不久就生了疟疾。这种病除奎宁以外没有别的有效药，但奎宁很难买到，尤其是在孤山，更是缺医少药。幸亏因为他是县府秘书介绍来的，褚树信对他格外关照。褚树信有事去县城时，总会用摩托车带上刘淇生，将他送到吴向晨那儿。刘淇生就在靖江住两天，去医院看病、买药，然后再回孤山。

在那个年代，自行车都是稀罕物，褚树信却有一辆摩托车，不知道是不是区公所的公车。

除了条件差、寒冷与疾病，更折磨人的是思乡。这年除夕，刘淇生是躺在孤山病床上过的，他有这样一段内心独白：

人们都回家过年去了，我孤孤单单地躺在床上起不来。这时我特别

[1] 刘淇生《反刍录》，原子能出版社，2005年9月，第49页。

想涟水，那个不能回去的家，想妻子、儿女们怎过年。真想和他们一块儿生活，但又不能。把他们接出来吧，全家人背井离乡每月20块大洋能养活吗？而且孤山比涟水还穷，怎么能让他们到这个地方呢？尤其是眼下时局不安，还是家乡安稳一些，不至于弄得流离失所。思想斗的结果，还是一人在外忍受孤独吧！[1]

刘淇生在孤山待了半年，也病了半年，多数时间卧床，身体极为虚弱，平时手不离卷的他，因为没有精神，也懒得看什么书。

吴向晨见他的病拖了半年还未见好转，便有心把他调到县城。当时的靖江县长是湖南人苏民。吴向晨便与苏民说，县政府的收发室很重要，现在人手不足，孤山区公所有个年轻的助理员，做过多年收发工作，有经验，建议把他调过来。苏民当即表态同意。这样，1936年初夏，刘淇生被调入靖江县政府收发室担任文书。

他一边工作一边治病，说来也怪，困扰他多时的疟疾居然痊愈了，他为自己原来对孤山的抱怨作出解释："也许是我不适应孤山的水土吧！"

褚树信是苏生的胞兄，在新中国成立后，任靖江第二至五届政协委员，据他回忆，1936年国民党曾办过一次义务征兵。县政府根据已调的户口簿，把符合应征的青年造表上报，由上级派员检查身体。那次全县征集二百多人，每区征集20至30名不等。因以往国民党都是推行的募兵制，这次突然改为义务征兵，群众惊恐万状。尤其是适龄男丁家属更加焦灼不安，为了求得免征，不惜东请西托，贿赂公行，而经办乡长更是乘机敲诈勒索，大耍花招，甚至以甲换乙，捉李代桃，搞得人心惶惶，怨声载道。刘淇生在孤山期间的主要工作便是协助褚树信做好义务征兵工作。

褚树信对刘淇生的评价比较高：

[1] 刘淇生《反刍录》，原子能出版社，2005年9月，第49页。

> 三区的义务征兵，在区助理刘淇生的协助下，处理得较为公允。刘淇生原在县府当职员，此人精明干练，积极负责，具有远见卓识，通过县府第一科科长蒋思痌的介绍，到我区当助理。他对征兵主张单不征，家无劳力的青年不征，并亲自进行调查核实。在其他许多问题上，他也能与我配合，我也主动与之商量研究，彼此相处十分融洽。[1]

褚树信的回忆与刘淇生略有出入。褚树信说介绍刘淇生到孤山任助理的是县政府第一科科长蒋思痌，刘淇生则说是县政府秘书吴向晨。

刘淇生调任县政府文员后，和县政府机关的青年们有意识地进行积极的接触，和他们交朋友，宣传抗日道理，他们常在一块儿议论形势，学习进步书刊。1937年全面抗战爆发前后，刘万里、王利宾等人在靖江街头组织抗日宣传队，刘淇生也加入宣传队。靖城沦陷前夕，他与王利宾等一起离开靖江，辗转奔赴延安。

1938年，刘淇生入陕北公学学习。后任中共中央组织部干部科股长，中共龙江县委书记，嫩江省委副秘书长。新中国成立后，历任中共武汉市委秘书长、企业部部长，第一机械工业部二局局长，国家物资总局副局长，第三机械工业部、第二机械工业部副部长。1978年平反恢复工作，先后任第二机械工业部顾问、副部长、党组成员，1982年离休。2000年9月20日在北京逝世，享年89岁。

第一机械工业部二局是为机械工业发展提供装备的工作母机行业的管理局，作为新中国机床工具行业的第一任领导，刘淇生被誉为“新中国机床工具行业奠基人”。

---

〔1〕褚树信《我任国民党三区区长琐忆》，收录于《靖江文史资料·第六辑》。

# 过客——方毅暂避孤山

1937年9月的一天黄昏，秋风习习，靖江城北康庄桥褚家突然来了几个衣袖破旧的年轻人。时任国民党孤山区区长的褚树信一眼就认出其中一位竟是他多年不见的弟弟苏生。

苏生，本名褚树恒，1904年生，孤山镇王庄村人，曾任城西小学校长。1932年在重建中共靖江县党的组织，成立中共靖江县特别支部时，任民运救济委员。同年10月，陪同江苏省委澄靖特派员黄强，向中共江苏省委汇报靖江斗争的详细情况。不久，靖江党组织因“仲佩良叛变”遭到破坏，苏生留在江苏省委工作。1933年10月任浦东区委书记。1934年1月，被内奸告密被捕，后被判刑6年10个月，入漕河泾监狱。1937年6月被送往苏州反省院。淞沪抗战爆发后，经过斗争，被无条件释放。

方毅

此刻，褚树信见到的正是刚刚出狱的弟弟苏生。苏生忙向褚树信介绍旁边的其他人，原来是他在苏州的难友，分别是方毅、陈学文和蔡志远。

## 一

方毅，原名方清吉，曾用名方静吉，福建厦门人，生于1916年。1930年在厦门十三中加入共青团，1932年起相继任共青团厦门中心区委书记、团市委书记。1934年奉调上海中央局工作，到上海不久即遭敌逮捕，以“危害民国罪”被判处8年徒刑，囚禁在漕河泾监狱。1936年转苏州军人监狱。

1937年7月7日，“卢沟桥事变”爆发。不久，淞沪抗战爆发，这时苏州也屡遭日军飞机轰炸。根据中共中央指示，八路军驻南京办事处与国民党当局反复交涉，先后营救出被关押在江、浙两省监狱的1000多名共产党员和革命志士。8月底，方毅也被无条件释放，提前结束了刑期8年的铁窗生涯。

方毅和蔡志远在苏州城外的一条河边，遇到了十多位难友，其中便有苏生。《方毅传》中有如下记述：

> 其中绝大多数人方静吉都不认识，但有个在上海漕河泾监狱时认识的难友叫苏生，他刚从苏州反省院获释出来，而且是江苏人。经方静吉介绍，苏生和蔡志远两人也互相认识了。三人交谈了各自出狱后的打算。苏生便说，他老家就在长江北岸的靖江县，离苏州不太远，如果中午从这里乘船，傍晚前后就可到达江阴，然后横渡长江就是靖江，顺利的话当天夜里就能回到他家。苏生还说，两位如不嫌弃，就先到他家暂时住下，然后设法打听和寻找党的组织或革命队伍。方、蔡两人商量后，同意先去苏家暂时落脚，争取尽快找到组织归队。
>
> 当天晚上，三人一起到了苏家，受到苏生家人的热情接待。随后，他们打听到许多新鲜消息：中国工农红军早已到达陕北，建立了陕甘宁根据地；中国共产党从抗日民族统一战线的大局出发，帮助张学良和杨虎城两位将军成功地解决了西安事变；“七七”卢沟桥事变和“八一三”上海淞沪抗战爆发，促使国共合作抗日，国民党无条件释放政治犯；当年8月，红军主力部队已改名为“国民革命军第八路军”，简称“八路军”，并在南京设立了八路军办事处，营救和接待从南京、上海、苏州、杭州等地国民党监狱获释的政治犯。方静吉一下子听到这么多新鲜消息，真有

"洞中小三年，世上新千年"的感慨。第二天，他们就给南京八路军办事处发了封信。没过几天，就收到了回信，还寄来了路费，要他们立即去办事处报到。方静吉和蔡志远在收到汇款的当天，就告别了苏生及其家人，乘长江轮船逆流而上。9月初，两人赶到了南京八路军办事处。[1]

## 二

这次回乡，苏生没有专门文章回忆。但他在1986年的一封信中，曾提及此事：

1937年6月，我们在漕河泾监狱布置领导反对取消端午赏肉（又据苏生回忆系双十节）斗争，被监狱当局发现，敌人为了分散我们斗争力量，监狱当局主动无条件地送我们一批十三人去江苏反省院。同年八一三事变后，我们在江苏反省院发动斗争，于8月底无条件释放。

到了苏州城畔轮船码头，见到苏州军人监狱的同志，他们也是无条件释放的，其中有些是我们在漕河泾监狱的老难友，他们是于1936年春从漕河泾监狱送往苏州军人监狱的。大家以获得自由，感到十分高兴。由于人多，都去上海轮船有困难，经过研究确定，一批人去上海，一批人去南京找党，另一批人家住江苏各县的同志，带一些无家可归的难友暂时听候消息。

我当时身体虚弱，家又在靖江，所以决定带方毅、陈学文、蔡志远等同志到我家。在家里住了几天，然后去南京。方毅、陈学文还在我家向一些青年学生和附近的贫苦农民做了形势教育。我也访问了一些朋友，了

[1]《方毅传》编写组：《方毅传》，《方毅传》编写组编，人民出版社，2008年10月，第27—28页。

解到靖江党组织情况。[1]

苏生的回忆到此戛然而止。关于后续，他在另一篇文章中有记述，可为补充：

几天后，八路军驻南京办事处便派了王红磊同志到我家联系，以后，经办事处介绍我到云阳，中央组织部已派人来接待我们，经审查做了结论，恢复了我的党籍。[2]

## 三

除了方毅与苏生，热情接待他们的褚树信也留下回忆：

1937年9月间，我弟树恒偕同方毅、陈学文和蔡志远几位难友回到康庄桥家里。这时我父亲已去世，老母尚健在，合家团聚，欢乐之余也为几位客人祝贺洗尘。他们在靖休养，等待与中共南京办事处联系。

当时，军事当局调集江阴要塞炮兵团和东北军"厚字，扬开多"两个番号的部队驻防靖江。他们从天生港至安宁港沿江挖掘战壕，构筑防御工事，并在柏木桥和六助港建造地下弹药库。

征工征料三区首当其冲，我日夜为之奔波，犹时遭驻军斥责，动辄以"如始误戎机，定按军法论处"相威吓。因而，我对几位客人除安排好他们食宿生活外，很少陪伴他们。

我弟他们来靖时，经过靖城，被县府法警认出，即报告县长苏民。一

〔1〕此信是苏生致信中共江苏省委、中共江苏省委党史办公室、中共靖江县委、中共靖江县委党史征集小组办公室，提供的自己直接或间接了解到的蔡德盛（1932年时任靖江县委书记，后叛变）等人的情况，以供调查参考。靖江市党史方志办存有原稿。
〔2〕苏生《回忆狱中斗争》，刊载于《党史资料丛刊》，1981年第3期，第103页。

次，我因事见苏民，他见面就问："你很忙啊？"

我说："还好。"

他即问："你家里不是来了客人吗？"

我说："没有什么客人，只是我弟从反省院出来同三个朋友到家玩几天。"

他又说："这没什么大关系，不过我们都是国民党官员，自己家里有共产党，人家说起来是很不好的。"

我说："现在不是国共合作共同抗日吗？"

他没有作声。

隔了数天，南京方面来人接他们。我得知他们将赴延安，便给他们准备好路费送行。我送他们离靖后，仍忙于应付军差。[1]

三人的回忆基本还原了1937年9月靖江沦陷之前，几位共产党人出狱后寄居靖江的前因后果以及在靖的活动情况。

方毅时年21岁，离开靖江后，到南京八路军办事处恢复了组织关系。此后，他由南京赴武汉，历任新四军第五支队政治部主任、中共津浦路东省委书记、淮南行署主任、苏皖边区政府副主席等职。新中国成立后，历任上海市副市长、中央财政部副部长、对外经济联络部部长、国家科学技术委员会主任、国务院副总理、中共中央书记处书记、政协全国委员会副主席，是我国对外经济战线和科技战线杰出的领导人。

---

〔1〕褚树信《我任国民党三区区长琐忆》，收录于《靖江文史资料·第六辑》。

# 后记

一邑风景半是山。

孤山是靖江的地理之父、文化之源。它是造化给予靖江的恩赐，给万马平川平添了一份灵气。孤山镇，即因这一风水宝地而得名。

我是孤山镇勤丰村人。20年前，勤丰村（原来叫先进村，后来并入勤丰村）还属于团结乡，东与孤山镇毗邻。

作为在平原长大的孩子，我从小就对山充满向往。

每年清明，学校总会组织到孤山祭扫革命烈士墓，扛着校旗，长长的队伍逦逦于麦苗拔青、菜花金黄的乡间小道，成为我幼年美好的记忆。

后来研究靖江历史才知道，团结乡曾经是孤山镇的一部分，只是因行政区划调整，从孤山镇拆出。知道真相后，我当时心中有一种剥离感，仿佛是与母体的剥离。

2006年1月，团结与孤山合并成立新的孤山镇，恍然如久别的游子的回归。

我高中就读于孤山中学。读书之暇，我曾漫步于当时还荒芜的山顶，在杂草丛生中偶然发现康熙年间黄公祠的遗物——黄公去思碑。正是这块古碑将我引领进入深邃的历史空间，促使我后来走上了靖江历史文化的研究之路。

近年来，我以靖江建制镇为创作对象，先后撰写、出版了生祠、八圩、斜桥与西来等镇的历史文化专著，《山领苏中》是我的第五部靖江乡镇史。

作为孤山人，如果不运用自己所长，为家乡弘扬历史文化，就像为人子女不懂得孝道与报恩，是一种亏欠。我曾经在几任孤山镇党委、政府的领导面前谈过自己这个夙愿，今年终于得偿所愿。

我非科班出身，自知才疏学浅，但又不敢懈怠，写其他乡镇倘或有瑕疵，可以非当地人为由搪塞，但是孤山人写孤山事，倘有不逮，恐人说自己不尽心尽力，就在这样的纠结矛盾中动笔，在纠结矛盾中收笔。

千百年来，孤山地区发生的人与事不能尽记，我只能择我个人认为重要的人与事来记，聊以欣慰的是，在这次写作过程中，有一些新的发现，新的收获。

我在2015年曾出版过《孤山风物志》，那是一本山志，搜罗关于孤山的一切历史信息汇编而成。而本书主要的篇幅则是写由孤山的山水孕育出来的聪明、勇敢的孤山人，以及他们创造的无数个传奇。尽管我做了最大的努力，但是由于岁月消磨，留下来的资料凤毛麟角，许多记述只能浮光掠影，浅尝辄止。

自20世纪80年代以来，孤山在靖江的经济建设中一直扮演着举足轻重的角色。空调小镇，蜚声全国；孤山风景区正在规划建设中。假以时日，孤山经济建设与社会发展会更上层楼。

而在文化建设上，2022年，孤山又在全市率先推出《孤山镇志》，让我们对孤山的历史文化有了初步的了解。本书可与镇志互为补充，为了解孤山提供一个生动的、更具体的描述。

靖江文联的机关刊物就叫《孤山》，多年之前，石桥村人、作家刘舰平先生为《孤山》杂志拟定的一个脍炙人口的宣传语：“孤山不高、不险、不峻，但也代表了一种高度。”

这是孤山人的谦卑，更是一种自信。

高峰

甲辰岁末